Eine Bildreise

Josef Bieker / Hans Onkelbach / Ellert & Richter Verlag

Bergisches Land

Autoren / Bildnachweis / Impressum

Der Fotograf
Josef Bieker, geb. 1950, studierte Fotodesign bei Harald Mante und Pan Walther. Nach vier Semestern Kunststudium seit 1981 freiberuflich als Fotograf und Journalist für Buch- und Zeitschriftenverlage tätig. Zahlreiche Veröffentlichungen in den Bereichen Reiseliteratur, Bildbände, Fotokunstkalender und Bildpostkarten. Im Ellert & Richter Verlag erschienen bereits die Bildreisen „Auf Annette von Droste-Hülshoffs Spuren", „Teutoburger Wald und Ostwestfalen", „Der Wörlitzer Garten" und „Freiburg, Kaiserstuhl und Markgräflerland".

Der Autor
Hans Onkelbach, geb. 1953 in Grevenbroich, bis 1978 Jurastudium in Köln, dann journalistische Tätigkeit im Bergischen Land. Zuletzt Redakteur bei der Rheinischen Post in Düsseldorf. Hans Onkelbach lebt und arbeitet in der nordrhein-westfälischen Landeshauptstadt.

Titelabbildung:
Remscheid-Lennep

Text und Bildlegenden:
Hans Onkelbach, Düsseldorf
Farbfotos:
Josef Bieker, Dortmund
S/W-Abbildungen:
Bergisches Museum, Schloß Burg: S. 8/9, 46/47, 47, 68/69, 83, 88/89, 89
Bildarchiv Preußischer Kulturbesitz, Berlin: S. 39, 69, 76, 82
Deutsches Klingenmuseum, Solingen: S. 20
Historisches Zentrum, Friedrich-Engels-Haus, Wuppertal: S. 21, 22
Süddeutscher Verlag Bilderdienst, München: S. 6, 7, 23, 52/53
Ullstein Bilderdienst, Berlin: S. 77, 82/83
Karte:
ComputerKartographie Huber, München
Lektorat:
Brigitte Beier, Hamburg
Gestaltung:
Büro Brückner + Partner, Bremen
Lithographie:
Lithographische Werkstätten Kiel, Kiel
Satz:
Setzerei C. H. Wäser Offset GmbH, Bad Segeberg
Druck:
Girzig + Gottschalk, Bremen
Bindung:
S. R. Büge GmbH, Celle

Bibliographische Information der Deutschen Bibliothek
Die Deutsche Bibliothek verzeichnet diese Publikation in der Deutschen Nationalbibliographie; detaillierte bibliographische Daten sind im Internet über <http://dnb.ddb.de> abrufbar.

ISBN 978-3-89234-389-9

8. überarbeitete Auflage 2007

Inhalt

Der Name ist irreführend, genaugenommen eine geographische Mogelpackung, eigentlich reichlich übertrieben: Denn das Bergische Land hat seinen Namen eben nicht von den Bergen, denn dann müßte es ja, sprachlich korrekt, „bergig“ heißen – und das ist es keinesfalls. Höchstens hügelig, und auch das nicht einmal überall. Bergisch heißt diese Region, weil das einstige Herrschergeschlecht „von Berg“ hieß. Den Namen gab sich die Familie nach dem ersten Wohnsitz, in dem sie sich um die Jahrtausendwende am Ufer des Flüßchens Dhünn niederließ und den sie „Berg“ nannte. Wie diese Behausung aussah, darüber ist heute nicht mehr viel bekannt, aber sie war nicht allzu komfortabel und eindrucksvoll – feucht und finster waren damals die Gemäuer. Und niemand konnte damals ahnen, daß hier das Stammhaus eines einflußreichen Adelshauses entstanden war, eines Geschlechtes, das in den kommenden Zeiten Geschichte machte.

Der Stammsitz wurde denn auch bald aufgegeben, als Macht und Einfluß derer von Berg durch Kriege, Heirat und kluge politische Geschäfte immer größer wurden. Wahrscheinlich entsprach er nicht mehr den Ansprüchen der mächtiger gewordenen Sippe. Der Orden der Zisterzienser übernahm die Liegenschaft und baute sie im Laufe der Zeit zu Kloster und Kirche aus. Heute stehen dort der Dom und die Abtei Altenberg. Vom Stammsitz derer von Berg ist nichts mehr zu sehen. Die Familie zog damals von der Dhünn an die Wupper, einige Kilometer weiter hinein ins Bergische Land. Sie erbaute ein Schloß auf einer Klippe hoch oberhalb des Flusses in der Nähe der heutigen Stadt Wermelskirchen. Um die Burg bildete sich ein Ort, der heute Burg an der Wupper heißt und ein Stadtteil von Solingen ist. Der neue Stammsitz bekam den Namen „Schloß Burg“. Die Feste lag sicher und für Feinde praktisch uneinnehmbar hoch auf dem Felsen über dem Fluß. Neue Besitztümer waren von hier aus schneller zu erreichen, außerdem dürfte das Schloß weitaus prächtiger und repräsentativer gewesen sein als der Sitz an der Dhünn. Im 14. Jahrhundert, nachdem König Wenzel den Grafen von Berg zum Herzog gemacht und dieser seine Residenz nach Düsseldorf verlegt hatte, verlor die Festung an Bedeutung und diente nur noch als Jagdschloß. Am Ende des Dreißigjährigen Krieges wurde sie schließlich zerstört, die Trümmer wurden als Steinbruch genutzt. Erst im vorigen Jahrhundert begann der Wiederaufbau.

So, wie das Schloß heute dasteht, hat es wohl damals, zu den Glanzzeiten des Bergischen, nicht ausgesehen: Der heutige Bau spiegelt eher die romantisierenden Vorstellungen des 19. Jahrhunderts als den ursprünglichen Zustand wider. Trotzdem ist das Schloß heute *die* Attraktion des Bergischen

Ob er so und nicht anders aussah – der Neandertaler? Anhand der 1856 zwischen Erkrath und Mettmann gefundenen Knochenreste, die der Wuppertaler Oberlehrer und spätere Professor Carl Fuhlrott als die eines urzeitlichen Menschen identifizierte, hat der Stuttgarter Bildhauer Hermann Friese diese Nachbildung geschaffen.

Landes: Zigtausende Touristen besuchen es jedes Jahr, bewundern die prächtigen Waffensammlungen, wandern über die Befestigungsanlagen und vollziehen im Rittersaal auf riesengroßen kitschig-idealisierenden Wandgemälden die Geschichte des Hauses von Berg und des Landes nach. Auch wenn die etwas zu schönen Bilder wenig authentisch sind – der Rundgang ist ein Erlebnis, gleichsam ein Eintauchen in alte Zeiten. Kaum einen Besucher von Schloß Burg würde es wundern, wenn ein Ritter in klirrender Rüstung oder ein schönes Burgfräulein um die Ecke käme – so wie damals, als die Grafschaft und danach das Herzogtum Berg eine bedeutende Rolle spielte im Herzen des späteren Deutschlands. Es war eine bewegte, oft kriegerische Zeit, und das Volk litt sehr unter den Rivalitäten und unter der Machtgier seiner Herrscher.

Die bis in die Gegenwart wirkende Geschichte des Bergischen begann um 1100, als Adolf, dem Vogt der kölnischen Güter Deutz, Werden und Siegburg, die Burg Berg an der Dhünn übertragen wurde. Er nannte sich fortan Graf Adolf von Berg. Während seiner Herrschaft wurde der Sitz bereits verlassen, und er legte die Anfänge von Schloß Burg. Sein Sohn und sein Enkel, beide hießen Adolf, nahmen nacheinander an Kreuzzügen teil, der jüngste kam nicht wieder. Danach finden sich mehrere Mitglieder des Hauses von Berg auf dem Stuhl des Kölner Erzbischofs – mit wechselndem Erfolg. Während Erzbischof Adolf I. von Altena (1160 bis 1220) nicht nur den Streit um den Kaiserthron zwischen den Herrscherhäusern der Welfen und Staufer provozierte, sondern auch mit beiden Seiten paktierte und schließlich 1205 von Papst Innozenz III. abgesetzt und gebannt wurde, schlug sich Erzbischof Engelbert I. (als Graf von Berg: Engelbert II.) auf die Seite der Staufer und erhielt dafür reichlichen Lohn:

1222 setzte ihn Kaiser Friedrich II. zum Reichsverweser ein. Der Graf von Berg konnte den Einfluß der Region innerhalb des Reiches entscheidend stärken.

Walther von der Vogelweide pries ihn in einem schönen Lied – und als Engelbert I. am 7. November 1225 bei Gevelsberg in einem Hinterhalt ermordet wurde, dichtete der Sänger auch ein wunderschönes Klagelied. Der Tod Engelberts war Folge seiner Politik: Er mischte sich in das Machtstreben eines entfernten Verwandten, des Grafen von Isenburg, ein. Der, so hieß es, sann auf Rache und ließ Engelbert umbringen. Davon jedenfalls war man damals überzeugt und richtete Isenburg ein Jahr später in Köln hin.

Der Kölner Erzbischof Engelbert, vielleicht einer der bedeutendsten Politiker aus dem Geschlecht derer von Berg, ist von Walther von der Vogelweide (1170–1230) in einem Lied verherrlicht worden. Das Porträt des Dichters stammt aus der Manessischen Handschrift (14. Jahrhundert).

Mit Engelbert war der männliche Stamm der Bergischen erloschen. Heinrich von Limburg, mit Irmgard von Berg verheiratet, trat das Erbe an. Es folgten mehrere Erbfolgeauseinandersetzungen, die schließlich in einen großen Krieg mündeten: Auf der einen Seite stand der Erzbischof von Köln, Siegfried von Westerburg, mit seinen Verbündeten, auf der anderen Seite standen die Grafschaft Berg, Jülich, die Mark und die Stadt Köln selbst; außerdem beteiligte sich auch ein Dorf an der Düssel an den Kämpfen gegen den mächtigen Erzbischof: Düsseldorf. Siegfried von Westerburg wurde 1288 bei Worringen vernichtend geschlagen und kam als Gefangener zuerst in die Monheimer Gerionskirche und dann nach Schloß Burg. Nach dem Sieg verlieh Graf Adolf V. von Berg, ein Nachkomme Heinrichs und Irmgards, also aus der limburgisch-bergischen Linie, der Stadt Düsseldorf die Stadtrechte. Auf Adolf VI., den letzten bergischen Limburger, folgte Gerhard von Jülich, dann dessen Sohn Wilhelm, der 1380 von König Wenzel zum Herzog ernannt wurde. Er war es, der die Residenz nach Düsseldorf verlegte. 1511 vollzog sich mit der Verbindung der Herzogtümer Jülich-Berg und Kleve-Mark ein weiterer einschneidender Schritt – ein mächtiges Reich war geschaffen mit dem Rhein als Lebensader in der Mitte. Eine Zeit relativen Friedens, wirtschaftlichen Aufschwungs im Handel mit Holland, aber auch religiösen Streits in der Zeit der Reformation schloß sich an. Unter Johann Wilhelm II. (1658 – 1716), in Düsseldorf nur Jan Wellem genannt, blühte die Kultur auf. Der Barockfürst ließ eine Fülle schöner Bauten errichten, machte aber auch viele Schulden, die seine Nachkommen abzutragen hatten. Berg aber war 1614 nach einem neuerlichen Erbfolgestreit zusammen mit Jülich an Pfalz-

Neuburg gefallen, wurde 1685 kurpfälzisch – Jan Wellem konnte sich mit dem Titel eines Kurfürsten schmücken – und 1777 bayerisch. 1806 fiel das Herzogtum Berg sogar an Frankreich. Napoleon zog in Düsseldorf ein, und als der Stern des Korsen endgültig sank, ging auch die Zeit des politischen Staates Herzogtum Berg, inzwischen Großherzogtum, zu Ende: 1815 kam es zu Preußen.

Wollte man das Gebiet des Bergischen Landes heute bestimmen, würden die Grenzen ungefähr so verlaufen: Der Rhein ist zweifellos die äußerste Westgrenze, im Norden reicht die Landschaft stellenweise bis an die Ruhr, im Süden bis an Agger und Sieg. Im Osten ist die Grenze nicht an einem Fluß festzumachen; östlich einer Linie von Morsbach, Marienheide und Beyenburg geht das Bergische ins Sauerland über. Zum Bergischen gehören bekannte Städte wie Wuppertal, Remscheid, Solingen, aber genaugenommen auch Leverkusen – zumindest einige Ortsteile der Chemiestadt sind eindeutig bergisch und heißen auch so, Bergisch Neukirchen beispielsweise. Dem Bergischen zuzurechnen sind ferner Teile des Kreises Mettmann, der Rheinisch-

Bergische Kreis und der Oberbergische Kreis.
Kurioserweise ist eine andere Grenze der Region weitaus exakter auszumachen: Sie hat etwas mit Bier und mit Karneval zu tun und verläuft, geographisch natürlich nicht präzise zu ziehen, zwischen den Städten Düsseldorf und Köln. Sie trennt das Altbier-Land Düsseldorfer Prägung von der Kölner „Kölsch"-Region, und an ihr stoßen verschiedene närrische Sitten aufeinander: auf der einen Seite die Karnevalisten Düsseldorfs, deren Schlachtruf ein in der Regel dreimal laut gebrülltes „Helau" ist, auf der anderen die von der Kölner Konkurrenz. Die Narren rund um den doppeltürmigen Dom machen mit einem ebenso lauten „Kölle Alaaf" ihrem Jeckenherzen Luft. Den närrischen Ausruf in der jeweils anderen Region zu benutzen, kann durchaus ernste Konsequenzen haben; komisch findet das jedenfalls keiner. Ausnahmen gibt es lediglich bei närrischen Gipfeltreffen, die aber durchaus selten sind und mit einem unglaublichen Ernst zelebriert werden. Auch beim Bier können die Emotionen leicht überschäumen: Die Bestellung eines „Kölsch" in einer Düsseldorfer Traditionsgaststätte wird von den Kellnern – die übrigens in beiden Städten Köbes heißen – als Beleidigung empfunden. In Köln ist es selbstverständlich umgekehrt. Sozusagen im „Niemandsland" dazwischen liegen die beiden Städte Langenfeld und Monheim: Hier ist – beim Bier und im Karneval – beides erlaubt. Und so ist es auch bei anderen Städten des Bergischen: Der Kölner und Düsseldorfer Einfluß ist stets spürbar – in der Sprache, bei den Bräuchen, beim Essen und eben beim Bier.

Diese alte Ansichtskarte zeigt Burg an der Wupper mit dem Schloß im Hintergrund. Es hat sich bis heute nicht wesentlich verändert, der Ort allerdings ist gewachsen und lebt gut mit seiner Touristenattraktion.

Die bekannteste Gestalt des Bergischen lebte allerdings zu einer Zeit, als von all diesen Konflikten und auch vom Hause Berg noch keine Rede sein konnte. Als man im 19. Jahrhundert Überreste dieses ersten bergischen Menschen entdeckte, war dieser Fund eine Sensation. Bis dahin wußte man nämlich noch nichts davon, daß er überhaupt existiert hatte: der Neandertaler. Er lebte vor ungefähr 60 000 Jahren im Tal der Düssel, und vielleicht kannte er auch schon die Wupper – wie immer er diesen Fluß damals auch genannt haben mag. Er benutzte schon Steinwerkzeuge, besaß eine artikulierte Sprache, muß des abstrakten Denkens fähig gewesen sein und lebte in einem Sippenverbund. Er muß durch diese sanfte, damals wohl dicht bewaldete Landschaft gestreift sein, die sich heute Niederbergisches Land nennt, zigtausend Jahre vor der Gründung von Städten wie Ratingen, Mettmann oder Wülfrath. 1856 wurden die ersten Skelett-Teile im Neandertal zwischen Erkrath und Mettmann gefunden – und fortan hieß jene frühe Entwicklung des Homo sapiens „Neandertaler".

Schloß Burg, das Wahrzeichen des Bergischen Landes, liegt hoch über der Wupper auf einer Felskante im Solinger Stadtteil Burg. Die ursprünglich im 12. Jahrhundert erbaute Anlage verfiel rasch und wurde im 19. Jahrhundert gemäß den idealisierenden Vorstellungen der Romantik wiederaufgebaut. So bietet sie alles, was man von einem Schloß, einer Burg, erwartet: einen mächtigen Bergfried mit einer atemberaubenden Aussicht auf das Bergische Land, im Museum Ritterrüstungen und eine Waffensammlung, im Rittersaal riesige Wandbilder zur Geschichte der Herrscher von Berg.

Engelbert, Graf von Berg und Erzbischof von Köln, blickt auf seine Residenz, Schloß Burg – von Kopf bis Fuß ein Herrscher. Und der war er auch, nicht nur im Bergischen: Kaiser Friedrich II. ernannte ihn 1222 zum Reichsverweser. Er trug den Beinamen „der Heilige" und genoß im Volk hohes Ansehen. Infolge einer Auseinandersetzung mit einem Verwandten, dem Grafen Friedrich von Isenburg, fiel er 1225 einem Mordanschlag zum Opfer.

Fast umschlungen von der Wupper liegt Beyenburg, auf halbem Wege zwischen Wuppertal und Radevormwald. Seit Beginn des 14. Jahrhunderts gab es in dem Ort ein Kloster des flämischen Ordens der Kreuzbrüder. Sie erbauten zum Ende des 15. Jahrhunderts die Kirche, die noch heute das Bild Beyenburgs prägt; von weitem sieht sie fast wie eine Miniaturausgabe des Bergischen Domes in Altenberg aus.

34

Schwarz, Weiß, Grün, Grau – die Farben des bergischen Hauses. Ein besonders schönes Exemplar mit einem prächtigen Portal steht im alten Kern von Hückeswagen, nur einen Steinwurf vom Schloß entfernt, in dem heute das Rathaus untergebracht ist. Hückeswagen ist ein idealer Ausgangspunkt für Wanderungen zur Bever- und zur Neyetalsperre. Auch die Dhünn- und die Eschbachtalsperre sind nicht weit entfernt, so daß manche die Gegend „Bergische Seenplatte“ nennen.

Zum Uerige
HAUSBRAUEREI

Der „Uerige“, im Herzen der Düsseldorfer Altstadt, ist eine der letzten Hausbrauereien in der Rheinmetropole. Hier wird Düsseldorfer Alt gebraut, das „Uerige“ eben – ein herbes, dunkles, obergäriges Bier. „Uerig“ heißt soviel wie „brummig“ oder „schlecht gelaunt“ – und so soll ein früherer Wirt gewesen sein. Der heutige ist eher eine rheinische Frohnatur.

Im Herbst, wenn das Laub der Bäume das satte Grün des Sommers abgelegt hat und sich, leider für ein paar kurze Wochen nur, mit seinen kräftigsten Farben schmückt, ist das Bergische Land von besonders atemberaubender Schönheit. Jetzt dies alles wie ein Vogel von oben und auf einmal sehen zu können, muß traumhaft sein: die immer noch riesigen Wälder aus Laub- und Tannengehölz, die Wiesen und Felder, Talsperren, kleinen Weiher und Seen.

Wie Tupfer liegen die Dörfer in der Landschaft, und das typisch bergische, schwarz-weiße Fachwerk der oft jahrhundertealten Häuser, von den Eigentümern liebevoll gepflegt, leuchtet weithin. Grün sind die Läden, grauschwarz schimmert der Schiefer, der die Häuser nicht nur bedeckt, sondern oft auch ummantelt.

Von oben würden wir Schlösser und Burgen sehen, gut erhaltene oder verfallene: Haus Vorst in Leichlingen, Schloß Burg, die Türme der winzigen „Stadt“ Blankenberg hoch oberhalb der Sieg, den Altenberger Dom an der Dhünn und das Schloß auf der Bergspitze von Hückeswagen im Oberbergischen. Weiter zum Rhein hin sähen wir Haus Graven in Langenfeld, Schloß Hackhausen in Solingen-Ohligs, den Friedenberger Hof in Opladen und Schloß Morsbroich in Leverkusen. Wir würden über die berühmten „Bonten Kerken“ fliegen, jene wuchtigen, schlicht-schönen Gotteshäuser in Marienheide-Müllenbach, Wiedenest, Marienhagen und Marienberghausen, die wegen der prallen, in kräftigen Farben gemalten Bilder in ihrem Inneren so genannt werden. Früher waren sie durchweg Wehrkirchen, boten der Bevölkerung also Schutz vor Feinden. Die Bilder erklärten dem einfachen Volk, das meist weder lesen noch schreiben konnte, höchst eindringlich das Wort Gottes. Beispielhaft dafür sind die drastischen Darstellungen des Jüngsten Gerichts in den Kirchen Marienberghausen und Lieberhausen. Da blieb für die armen Sünderlein keine Frage offen, was ihnen im Falle eines unchristlichen Lebens blühte.

Da wir nicht fliegen können, müssen wir uns all dem zu Fuß nähern, können uns aber damit trösten, daß wir am Boden den Dingen näher, sozusagen – dem Bergischen entsprechend – bodenständiger sind. Wandern wir also an einem sonnigen Herbsttag durch das Tal der Wupper von Leichlingen Richtung Schloß Burg. Leichlingen liegt an der Grenze des Bergischen zum Rheinland, von Langenfeld aus führt eine sanft ansteigende Straße (im Volksmund heißt sie der „Block“) hinauf. Wir überqueren den Fluß in der Stadtmitte und erreichen schließlich auf der anderen Seite in Wipperaue den Eingang zu dem Tal, in dem wir dem Verlauf des Flusses viele Kilometer folgen können – bis ins Herz des Bergischen Landes. Hier an der Ortsgrenze zwischen Solingen und Leichlingen liegt auf einer Halbinsel in der Wupper der Wipperkotten. Solche Kotten gab es früher zu Hunderten im Bergischen. Diese Geburtsstätten der industriellen Entwicklung des Bergischen Landes waren zunächst Werkstätten, in denen Schmiede mit der Kraft des Wassers das Metall formten; später nutzten in diesen Wassermühlen Weber die Urgewalt des fließenden Elements.

Im Wipperkotten lebt der Künstler Hans Karl Rodenkirchen, der das verfallene Gemäuer in den 50er Jahren für einen symbolischen Spottpreis gekauft und wiederaufgebaut hat. Auch das alte Mühlrad hat er restau-

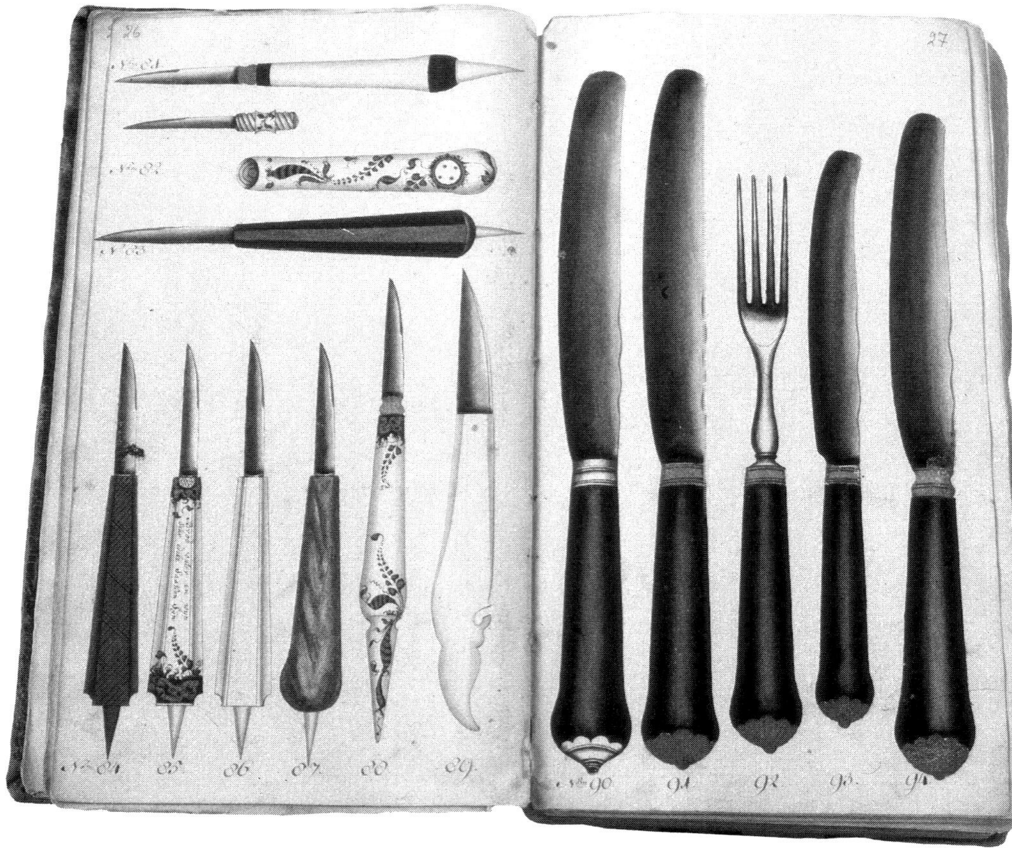

Der Name Solingen ist eng verbunden mit Klingen – sei es von Schwertern, Degen oder Speisemessern. Das Klingenmuseum im Ortsteil Gräfrath läßt mit Exponaten, die kriegerischen oder durchaus friedlichen Zwecken dienten, die Geschichte der Schmiedekunst lebendig werden.

riert, und manchmal läßt er es laufen, angetrieben vom Wasser der Wupper, das sich vor dem Haus schäumend über ein Wehr ergießt. Heute strahlt das weiße Schmuckstück im Glanz der Sonne und lockt viele Besucher an – manchmal mehr, als dem Hausherrn recht ist.

Das Bergische Land war ein Zentrum der Frühindustrialisierung in Deutschland. Im Wuppertaler Engels-Haus mit dem Museum für Frühindustrialisierung ist jene Zeit dokumentiert, in der unmenschliche Arbeitsbedingungen und Kinderarbeit in Manufakturen und Fabriken nichts Ungewöhnliches waren. Friedrich Engels entwickelte im 19. Jahrhundert, tief beeindruckt von den Mißständen, die er erlebte, seine bahnbrechenden Ideen (Foto: in einer Bandweberei).

Rechts und links des Flusses führen Wege und manchmal auch asphaltierte Straßen entlang und durch kleine Weiler – Leysiefen, Friedrichsaue, Rödel, Fähr und Wupperhof – hindurch. Wenn man nicht gerade an einem sonnigen Sonntag am Fluß entlangwandert, hat man die Landschaft fast für sich allein, muß den Blick auf die dichten Wälder an beiden Seiten des Tales nur mit Kühen, Pferden und Schafen teilen, die auf den Weiden grasen. Kleine Brücken, meistens nur für Fußgänger und Radfahrer, führen gelegentlich über den Fluß. Wir können die Seiten wechseln und in eine der gemütlichen Kneipen einkehren, die mit schönen Biergärten locken. Im Schatten alter Bäume schmeckt ein Bier oder ein kühler Schoppen Wein besonders gut. Nach einigen Kilometern kommen wir nach Rüden – genannt nach einem tapferen Hund, der dort einem Grafen von Berg einst nach einem Jagdunfall das Leben rettete. Obenrüden liegt links des Flusses. Ein paar Meter abseits des Weges am gegenüberliegenden Ufer, hoch auf einem Felsen, steht eine Statue des Hundes. Ob die Geschichte stimmt – wen interessiert das schon? Schön ist sie auf jeden Fall.

Daß die Herren von Berg hier im Tal der Wupper und den Wäldern gejagt haben, das ist sicher, denn ihr Sitz, Schloß Burg, liegt nur noch ein paar Kilometer flußaufwärts. Der Weg führt weiter durch die Wälder am Wasser entlang und steigt manchmal etwas an. Immer wieder überqueren wir auf kleinen Stegen Bäche, die in die Wupper fließen. Schließlich endet

die Wanderung in Unterburg am Fuß des Felsens, auf dem Schloß Burg steht. Man muß schon den Kopf in den Nacken legen, um hoch oben auf dem Berg die Zinnen und den mächtigen Bergfried zu sehen. Hinauf kommt man zu Fuß oder mit einer Seilbahn. Beides garantiert eine schöne Aussicht auf das Tal.

Ortswechsel: Wandert man auf der Straße von Wermelskirchen über Witzhelden Richtung Leichlingen, dann hat die Aussicht geradezu historische Dimensionen. Hinter Witzhelden führt die Straße über eine leicht

Ein Schleifkotten, wie es ihn noch bis zum Ende des 19. Jahrhunderts im Bergischen gab. Da Dampfkraft und Elektrizität zunehmend anstelle des Wassers als Antriebskraft genutzt wurden, waren die Kotten zum Aussterben verurteilt.

abfallende Hochebene Richtung Westen. Bei klarem Wetter hat man dort den Eindruck, direkt auf den Kölner Dom und die dampfenden Kühltürme des Braunkohlegebiets auf der anderen Rheinseite zuzugehen: Scheinbar zum Greifen nahe sind die Schlote und die beiden Türme des mächtigen Gotteshauses. Rechts der Straße sieht man hinüber bis nach Düsseldorf mit den Pylonen seiner Rheinbrücken und dem Finger des Fernmeldeturmes, dessen Fundamente im Wasser des Rheines stehen. Nirgendwo wird deutlicher, wie nahe das Rheinland und das Bergische Land – auch von ihrer Geschichte her – zusammengehören.

Freilich ist das Wetter nur selten klar genug für eine solche Aussicht. Oft hüllt das Bergische sich in dichte Wolken. Nebel legt sich im Herbst und Winter auf die Täler, so daß die Wälder fast unheimlich wirken, wenn die Feuchtigkeit von den Blättern tropft, die Spitzen der Baumriesen scheinbar im Nichts verschwinden und die von Feuchtigkeit gesättigte Luft jedes noch so leise Geräusch seltsam verstärkt. Die Bergischen werden mit einem Regenschirm in der Hand geboren, lästert der Volksmund. Wenn es so wäre, hätte es durchaus Sinn: In der Region regnet es reichlich, wie meteorologische Karten zeigen und eigene Erfahrungen des Autors belegen.

Kein Wunder, daß es so viele Talsperren gibt: die Sengbachtalsperre bei Solingen, die Neyetalsperre bei Wipperfürth, die Bevertalsperre bei Hückeswagen, die Remscheider Eschbachtalsperre und andere. Diese künstlichen Seen versorgen die großen bergischen Städte mit Trinkwasser. Viele sind deshalb nicht öffentlich zugänglich, doch auf manchen darf gesegelt, in anderen geangelt oder gebadet werden. Sie sind ein ideales Ziel für Wanderungen: Der gewundene Weg rund um die Sengbachtalsperre beispielsweise führt uns

vom Tal der Wupper über die alte Staumauer auf eine Höhe, von der aus wir Schloß Burg aus den Bäumen ragen sehen. So muß es hier schon ausgesehen haben, als sich vor Hunderten von Jahren die Reisenden durch die Wälder dem Schloß näherten.
Wo viel Regen fällt, gibt's auch reichlich Schnee. Wenn es im November unten in Düsseldorf noch nieselt und der Rheinländer schaudernd von „useligem" Wetter spricht, dann kann es sein, daß die Höhen zwischen Dabringhausen und Radevormwald, zwischen Wuppertal und Waldbröl weiß sind. Hoher Schnee liegt an solchen Tagen in den engen Gassen des romantischen Remscheider Stadtteils Lennep mit seinem einzigartigen Ensemble hervorragend erhaltener bergischer Fachwerkhäuser. Der Höhenunterschied bringt jedenfalls ein spürbar härteres Klima. Wenn Väterchen Frost Wiesen und Wälder verschneit oder alles mit weißem Rauhreif überzogen hat, dann hat das Bergische wieder ein anderes, heimeliges Gesicht.
Im Frühjahr, wenn die Luft milder geworden und der Winter endgültig gegangen ist, wird die Landschaft nochmals blütenweiß. Das Gebiet zwischen Solingen und Bergisch Neukirchen, zwischen Langenfeld und Dabringhausen ist nämlich eines der bekanntesten Obstanbaugebiete Nordrhein-Westfalens. Vor allem Äpfel-, Birnen- und Pflaumenbäume wachsen auf den Böden der sanften, sich zur Rheinebene hinabschwingenden Hügel. Während der Erntezeit im Spätsommer und Herbst wird das Obst am Wochenende am Straßenrand kistenweise verkauft. Und die Großstädter aus Köln oder Düsseldorf lernen dann, was einen Boskop von einem Berlepsch unterscheidet, warum ein James Grieve so und nicht anders schmeckt und daß Jonathan nicht nur ein Männervorname, sondern auch ein knackiger Apfel ist. Mit beiden Backen kauend, stehen die Leute an den Verkaufsständen – wer probieren will, bevor er kauft, dem ist dies großzügig erlaubt. Auch die Erdbeere fühlt sich wohl im Bergischen. Sie gedeiht rund um die kleine Stadt Leichlingen am besten. Es muß am Boden liegen, daß dort auf großen Feldern die süße rote Frucht so gut wächst. Hat die Sonne im Mai lang genug geschienen, tauchen im Juni die kleinen Verkaufsstände an den Straßenrändern auf, und die Bauern bieten ihre Ernte frisch vom Feld an. Wer will, kann sogar mit einem Korb in die langen grünen Reihen gehen und selbst pflücken.

Das Handwerk des Schmiedes hat eine lange Tradition im Bergischen. 1935, als dieses Foto entstand, gab es noch einige Dorfschmiede, die für den Beschlag der Pferde und der Reifen für die Karrenräder sorgten – heute wird diese Tätigkeit nur noch in dem Museumskotten demonstriert.

Blankenberg hoch über der Sieg: Wie ein Nest liegt sie dort, die ehemals kleinste Stadt Deutschlands, die heute zur Großgemeinde Hennef gehört. Reste der Anfang des 12. Jahrhunderts erbauten Befestigungsanlage sind noch erhalten, und man kann sich vorstellen, daß die Burg einst eine der mächtigsten Festungen im Lande war und die Straße Köln – Frankfurt beherrschte. In ihrer sicheren Vorburg siedelten Handwerker und Kaufleute, so daß Blankenburg bereits 1245 Stadtrechte erhielt. Mit seinen engen Gassen innerhalb der alten Mauer hat der Ort immer noch mittelalterliches Flair.

Einer der am besten erhaltenen Kotten ist der Solinger Wipperkotten, an der Stadtgrenze zu Leichlingen praktisch auf einer Insel in der Wupper gelegen. Vor der Stromschnelle ist ein Teil des Flusses abgeleitet worden, so daß das Wasser zwischen den beiden Häusern hindurchfließt. Es treibt heute wieder ein meterhohes, restauriertes Mühlrad an. Der Besucher kann im Inneren des Gebäudes sehen, wie das Wasser auf die Schaufeln strömt und die schwere Holzkonstruktion dreht – altes Schmiedehandwerk scheint dort wiederaufzuleben.

Das Haus Hilger in Remscheid-Hasten beherbergt heute das Remscheider Heimatmuseum; es trägt seinen Namen nach zwei Kaufmannsbrüdern, die sich 1779 diese prächtige, typisch bergische Villa mit der sorgfältig gearbeiteten Schieferverkleidung erbauen ließen. Die beiden Wappen über den Türen – der zaristische Doppeladler und der Löwe von Flandern – verdeutlichen, daß die Hilgers erfolgreich im Fernhandel tätig waren. Das Glück war ihnen aber nicht hold; sie verloren während der französischen Besetzung Anfang des 19. Jahrhunderts wichtige Handelsbeziehungen und gingen schließlich bankrott.

Idylle pur aus schwarzweißem Fachwerk – das Dahler Bauernhaus, heute eine Außenstelle des Museums auf Schloß Homburg, ist das älteste noch erhaltene bergische Bauernhaus überhaupt. Es wurde 1586 erbaut und gehört zum Typus des niederdeutschen Hallenhauses.

Kugel

Lennep, heute zu Remscheid gehörig, ist fast ein bergisches Freilichtmuseum: In kaum einer anderen Stadt findet sich ein derart gut erhaltener Kern aus alten Fachwerkhäusern, Villen und Kirchen im landestypischen Stil. Bis heute hat der Ort, dessen Ursprünge bis ins 12. Jahrhundert zurückreichen und der einst Remscheid weit überflügelte, seine Atmosphäre bewahren können, wie hier in der Gasse mit Namen „Kraspütt“.

Friede sei mit euch

In Lieberhausen steht eine der berühmten „Bonten Kerken" des Bergischen Landes. Prall und drastisch sind die Darstellungen des Jüngsten Gerichts im Innern des mittelalterlichen Gotteshauses, das heute zu einer evangelischen Gemeinde gehört. Die Malereien überstanden zwar den Bildersturm der Reformation, wurden aber im 19. Jahrhundert übertüncht. Kurz nach 1900 klopfte man den Kalk ab, und die Kirche erstrahlt seitdem wieder in ihrem farbenprächtigen Wandschmuck.

Schloß Hackhausen ist eine der „Perlen" am Wanderweg mit dem Namen Klingenpfad, der um Solingen herumführt. Betreten kann man das 1772 errichtete Rokokogebäude leider nicht, doch auch von außen bietet es, mitten in einem großen Garten am Rande eines Waldgebiets zwischen Ohligs und Langenfeld gelegen, einen eindrucksvollen Anblick.

Weltoffene Stadt mit provinziellem Namen – Düsseldorf

Düsseldorf, einst für eine kurze Zeit Hauptstadt des (Groß-)Herzogtums Berg, ist heute Landeshauptstadt Nordrhein-Westfalens und nur auf den zweiten Blick eine bergische Stadt. Mit dieser Provinz will die Schöne am Rhein nicht mehr viel zu tun haben, denn nichts fürchtet sie so sehr wie den Anschein der Provinzialität. Dabei ist sie, neben vielem anderen, auch ein bißchen provinziell. Natürlich gibt es biedere Schrebergartenvereine und gutbürgerliche Schützengilden. Es gibt den durch und durch organisierten Karneval und den Heimatverein der Düsseldorfer Jonges, was eigentlich Jungen heißt, aber Männer meint; bis heute weigert er sich, Frauen aufzunehmen.

Vielleicht liegt es am Namen, daß sich Düsseldorf mit seinem vermeintlichen oder wirklichen Weltstadt-Charakter manchmal etwas schwer tut. Welche Metropole heißt schon -dorf? Es ist schon ein Kreuz mit diesem Namen, der auf die Anfänge der Siedlung zurückgeht. Außerdem: Warum wählten die Düsseldorfer damals nicht wenigstens den größeren der beiden Flüsse, an denen sie siedelten, als Namensgeber und nannten den Ort Rheindorf? Schließlich lag er doch am mächtigen Rheinstrom, und die Düssel war nur ein kleines Rinnsal, das durch die Siedlung floß – heute übrigens meistens unterirdisch: erst am Altstadtufer fließt es aus einer dicken Röhre in den Rhein. Wie auch immer: Als die Siedlung an der Düsselmündung entstand, wurde eben der Name Düsseldorf gewählt, und ihn behielt man bei, als man 1288 die Stadtrechte erhielt. (Ein Rheindorf gibt's übrigens auch: Es ist ein kleiner Stadtteil von Leverkusen, ca. 20 Kilometer stromaufwärts von Düsseldorf entfernt.)

Wie soll man sich dieser Stadt nähern? Am besten wie einer etwas kapriziösen Schönheit, also möglichst ohne Vorurteile, bereit, einen hohen Preis für soviel Glanz zu zahlen, aber auch voller Neugier und vorsichtshalber mit allem rechnend. Und man sollte es möglichst über den linksrheinischen Stadtteil Oberkassel tun, am besten spätnachmittags an einem sonnigen Tag. Dann nämlich präsentiert sich die Stadt von einer ihrer attraktivsten Seiten: Die versinkende Sonne taucht die Altstadtfront zum Rhein in warmes Licht, der Schloßturm, die Kirche St. Lambertus mit ihrem schiefen Turm, das alte Rathaus und die denkmalgeschützten Bauten der Rheinfront formen sich mit dem verglasten Vodafone-Hochhaus und dem modernen Fernmelde-Rheinturm neben dem neuen Landtag zu einem reizvollen Bild aus Altem und Neuem. Im Hintergrund werfen das Thyssen-Drei-Scheiben-Hochhaus und andere Bürohochhäuser die Strahlen der Sonne zurück. Düsseldorfer bekennen einmütig, bei diesem Anblick immer noch eine Gänsehaut zu bekommen.

Äußere, also oberflächliche Schönheit, wir müssen es zugeben, spielt in dieser Stadt eine große Rolle. Das liegt unter anderem an der Mentalität der Menschen, die hier leben. Zu Recht wird ihnen eine lockere Lebensart nachgesagt – soweit man so etwas überhaupt verallgemeinern kann. Tatsache ist: Der Rheinländer – und als Rheinländer, eben nicht als Bergische, fühlen sich die Düsseldorfer – pflegt die Einstellung: Leben und leben lassen. Der Düsseldorfer ist weltoffen, toleriert Fremdes und genießt es aus ganzem Herzen. Menschen aus nahezu allen Nationen wohnen in dieser Stadt, darunter etwa 6 000 Japaner. Oft lebt der Düsseldorfer leichtsinnig über die eigenen Verhältnisse, gibt das Geld lieber aus, als es zu sparen. Alles Vorurteile – gewiß, und doch sind sie nicht ganz unzutreffend. Es ist kein Zufall, daß ausgerechnet Düsseldorf und nicht die Konkurrenzstadt Köln eine der führenden Modestädte der Welt geworden ist. In Düsseldorf und nicht woanders wurde nach dem Krieg die „igedo“ gegründet, die größte Modemesse der Welt. Milliarden werden dort jedes Jahr umgesetzt für den äußeren Schein. Auch das Vorurteil, daß in Düsseldorf an 365 Tagen im Jahr Modemesse ist, stimmt: Wer's nicht glaubt, sollte nur einmal über die Einkaufsmeile Königsallee gehen. Von den Düsseldorfern liebevoll „Kö“ genannt, ist sie der längste und schönste Laufsteg der Welt. Dort flanieren Mannequins jeden Alters. Im Winter werden die kunstvoll verarbeiteten Nerze und Zobel ausgeführt, und im Sommer zeigt die Kö, was derzeit modisch angesagt ist. Aber nur auf der Ostseite: Die gegenüberliegende Seite ist den Banken vorbehalten. Alles, was im Bankgeschäft Rang und Namen hat, ist dort in prächtigen Bauwerken angesiedelt. Auf der einen Seite der Kö wird das Geld verdient, auf der anderen Seite wird es ausgegeben – so charakterisieren die Düsseldorfer ihre Prachtmeile.

Ein paar Düsseldorfer Superlative? Bitte sehr: Die Schadowstraße, gleich um die Ecke und längst nicht so elegant wie die Königsallee, gilt als umsatzstärkste Einkaufsstraße Europas. Dort, wo sie die Berliner Allee kreuzt, befindet sich Deutschlands am stärksten benutzter Fußgängerüberweg. Düsseldorf beherbergt einige Messen – wie „igedo“ (Mode), „Drupa“ (Druck und Papier), „K“ (Kunststoff) –, die in ihrem Bereich die weltgrößten sind. Die Stadt ist ein Handels-, Einkaufs- und Dienstleistungszentrum, keine Industriestadt mehr. Das Bild vom „Schreibtisch des Ruhrgebietes“ trifft: Thyssen, E.ON und Vodafone haben hier ihre Hauptverwaltungen, typische Industriebetriebe verschwinden mehr und mehr. Dafür siedeln sich Kreative an – Werbeagenturen, Grafiker, freie Texter. Typisches Beispiel: In einem alten Fabrikgelände, direkt an der Bahn im Stadtteil Oberbilk gelegen, arbeiten heute nur noch Branchen rund um die Werbung. Kreativ-Center nennt man diese Denkfabrik heute. Alle wichtigen Werbefir-

men haben große Filialen oder gar ihren Hauptsitz in Düsseldorf, und vieles, was wir in Zeitungsanzeigen sehen oder in den TV-Werbespots als besonders pfiffig bewundern, ist in einem der feinen Werbebüros in den eleganten Düsseldorfer Stadtteilen Oberkassel, Zoo oder Pempelfort ausgedacht worden.

Wer nicht nur die Kö sehen will, sondern es uriger mag, muß nicht weit gehen. Gleich nebenan lockt die Altstadt. „Längste Theke der Welt" nennen die Wirte ihr Viertel mit den etwa 260 Kneipen gern. Doch Düsseldorfs alter Stadtkern hat bessere Zeiten gesehen. Er lebt heute vom Ruhm vergangener Jahre; allzu viele Pizzabuden sind nur mit dem Blick aufs schnelle Geld eröffnet worden. Glücklicherweise gibt es sie aber immer noch, die alten Kneipen, in denen sich die Originale treffen und sich nicht stören lassen, wenn Touristen sie bestaunen. Der „Uerige" beispielsweise. „Uerig" ist rheinisches Platt und heißt soviel wie „grantig, unwillig, miesepetrig". Der Name kommt jedenfalls von einem früheren Wirt dieses Brauhauses „Zum Uerige". Ja, hier wird noch Bier gebraut. Der „Uerige" ist eine von vier Hausbrauereien Düsseldorfs. Die anderen, die übrigens alle in der Innenstadt liegen, heißen „Schlüssel", „Schumacher" und „Füchschen". Vor den Augen des Gastes wird dort das Gebräu hergestellt. Noch im vorigen Jahrhundert gab es Dutzende dieser kleinen Brauereien. In manchen wurden pro Tag nur so viele Liter gebraut, wie die anwesenden Zecher trinken konnten. Diese Zeiten sind längst vorbei – leider. Doch die Hausbrauereien erleben derzeit einen ungeahnten Aufschwung. An lauen Sommerabenden gibt es in Düsseldorf nichts Schöneres, als sich auf der Straße vor dem „Uerigen" ein Bier zu genehmigen oder im riesigen Innenhof der „Schumacher"-Brauerei ein herbes Düsseldorfer Alt zu trinken.

Der Stahlstich aus der Zeit um 1860 zeigt Düsseldorf von der linken Rheinseite, also vom heutigen Stadtteil Oberkassel aus. Die abgebildete Brücke gibt es nicht mehr: Die Oberkasseler Brücke verläuft heute ein Stück stromabwärts, und die Kniebrücke überspannt etwa zwei Kilometer südlich des dargestellten Punktes den Rhein.

Der kulturell Interessierte würde Tage brauchen, um das gesamte Angebot der Stadt kennenzulernen. Das K20 und das K21 (Kunstsammlung Nordrhein-Westfalen), die Kunsthalle und das „museum kunst palast" sind erste Adressen in Sachen bildende Kunst. Zahllose Galerien treiben regen Handel mit Gemälden, Zeichnungen, Grafiken und Plastiken. In Düsseldorf gibt es eines der letzten deutschen Kabaretts, das „Kom(m)ödchen" von Lore und Kai Lorentz. Die Oper hat mit ihren Inszenierungen vielfach von sich reden gemacht, und das Schauspielhaus ist so, wie ein gutes Theater sein sollte – nämlich sehr umstritten. Daß laut schimpfende Zuschauer türenknallend unter Protest die Premiere verlassen, ist keine Seltenheit.

Düsseldorf hat eine namhafte Kunstakademie, und es hatte und hat bedeutende Künstler: Joseph Beuys, obwohl kein Düsseldorfer, ist in Verbindung mit der Stadt berühmt geworden, Günter Uecker hat mit seinen eigenwilligen Nagel-Bildern Furore gemacht. Heute sind Maler wie Jörg Immendorff und Konrad Klapheck im Gespräch, und ein Bildhauer wie Bert Gerresheim hat mit seiner Darstellung des berühmtesten Sohnes der Stadt, Heinrich Heine, die Gemüter derart bewegt, daß der Streit um sein Heine-Denkmal selbst in ausländischen Zeitungen Schlagzeilen machte. Das Denkmal „liegt" – ja, es liegt, es steht nicht – in der Nähe des Graf-Adolf-Platzes in einem Park.

In den 1920er Jahren schrieb in Düsseldorf eine Kaffeehaus-Besitzerin Kunstgeschichte: Johanna Ey, genannt Mutter Ey, förderte – wobei sie sich allein auf ihr Gefühl verließ – Künstler wie Otto Pankok und Max Ernst; sie glaubte an Otto Dix und Gert Wollheim. Und sie ging daran pleite, weil sie zwar viel gab, aber wenig nahm. 1947 starb diese bemerkenswerte Frau. Heute gibt es in der Düsseldorfer Altstadt eine kleine Gasse mit ihrem Namen, und ein Haus trägt ihr riesiges Porträt auf der Giebelseite. 1930 war sie, so die „Berliner Illustrierte", die am häufigsten gemalte Frau Deutschlands.

Das lag schlicht daran, daß viele der von ihr bemutterten Maler ihre Rechnungen mit Porträts bezahlten.

IOANNI. GUILIELMO.
COM. PAL. RHEN. S. R. I. ARCHIDAP. ET. EL.
BAV. IUL. CLIV. MONT. DUCI. PRINC. OPT.
MERITO. URBIS. AMPLIFICATORI.
PINACOTHECAE. FUNDATORI.

Vor dem Düsseldorfer Rathaus (ursprünglich erbaut 1570–1573) steht das Standbild des Kurfürsten Johann Wilhelm, den die Bewohner der Stadt noch heute Jan Wellem nennen. In seiner Regierungszeit (1690–1716) entwickelte sich Düsseldorf zu einem kulturellen Zentrum, war der Kurfürst doch ein kunstliebender, lebensfroher, toleranter Herrscher – der als typischer Barockfürst viel Geld für seine Hofhaltung ausgab. Das Reiterstandbild ließ er sich noch zu Lebzeiten von seinem Hofbildhauer Grupello errichten. 8 000 Kilo Bronze verbrauchte der Künstler und schuf damit eines der bedeutendsten Barockdenkmäler nördlich der Alpen.

Schloß Benrath sei ein entzückender Betrug, so das Urteil eines Zeitgenossen. Und tatsächlich: Das Rokokoschloß im Süden Düsseldorfs ist ein zierlicher Bau, der – so schätzt man bei der Betrachtung von außen – vielleicht 20 oder 30 Räume auf höchstens zwei Stockwerken beherbergt. Tatsächlich hat das Schloß vier Stockwerke und insgesamt 80 Zimmer. Kurfürst Karl Theodor ließ das Prunkstück 1755 von Nicolas de Pigage erbauen. Mittelpunkt des Haupthauses ist ein runder Saal mit prachtvollen Stukkaturen und Wandbemalungen. Heute nutzt die nordrhein-westfälische Landesregierung das Gebäude bei Staatsbesuchen für Empfänge und Bankette.

AN
DEF

Die Königsallee, kurz „Kö“ genannt, beginnt hier am Corneliusplatz mit dem Schalenbrunnen und dem Kaufhof an der Kö, früher Kaufhaus Tietz. Auf dieser Straße, einer der berühmtesten Boulevards der Welt, beruht Düsseldorfs Ruhm als Konsummetropole und Modestadt. Doch der Besucher soll sich nicht täuschen lassen: Nur wenige hundert Meter von der Prachtmeile entfernt finden sich Straßen und Viertel, in denen es ruhig und beschaulich und längst nicht so mondän zugeht. Düsseldorf hat viele Gesichter, und die Kö ist nur eines davon – allerdings ein besonders attraktives.

Ob es wirklich ein Esel war, der bestimmt hat, wo der Altenberger Dom und das Kloster gebaut wurden – niemand weiß es. Jedenfalls gibt es keinen ersichtlichen Grund, warum die Kirche genau dort und nicht woanders steht. Der Legende nach haben die Mönche im Tal an der Dhünn einen Esel laufen lassen und ihm die Standortwahl überlassen: Dort, wo er sich zur Rast niederlegte, sollte eine Kirche errichtet werden. Der Esel entschied sich für einen Platz unterhalb eines Hanges auf einer grünen Waldwiese, nicht weit vom Ufer der Dhünn. Und dort wurde dann das Gotteshaus erbaut, das heute Bergischer oder Altenberger Dom heißt.
Wie es zum Namen Altenberg kam? Ganz einfach: Das Herrschergeschlecht des Landes, die Familie von Berg, hatte ursprünglich am Ufer der Dhünn gewohnt und ihr Haus dort „Berg" genannt. Als sie unter Graf Adolf I. wegzog und oberhalb der Wupper einen neuen Wohnsitz errichtete, hieß der Neubau zuerst Neuenberge (später Schloß Burg) und das alte Haus eben Altenberge. Die Herren von Berg, durchweg fromme Menschen, vermachten ihre Liegenschaften dem Zisterzienserorden, angeblich deshalb, weil eines der Familienmitglieder, Eberhard, von den Grausamkeiten eines Feldzuges tief erschüttert, in dem burgundischen Kloster Morimont Unterschlupf und geistige Erneuerung gefunden und dort die Zisterzienser kennengelernt hatte. Mönche dieses burgundischen Klosters sollen die ersten Bewohner der neuen Abtei zu Altenberg gewesen sein.

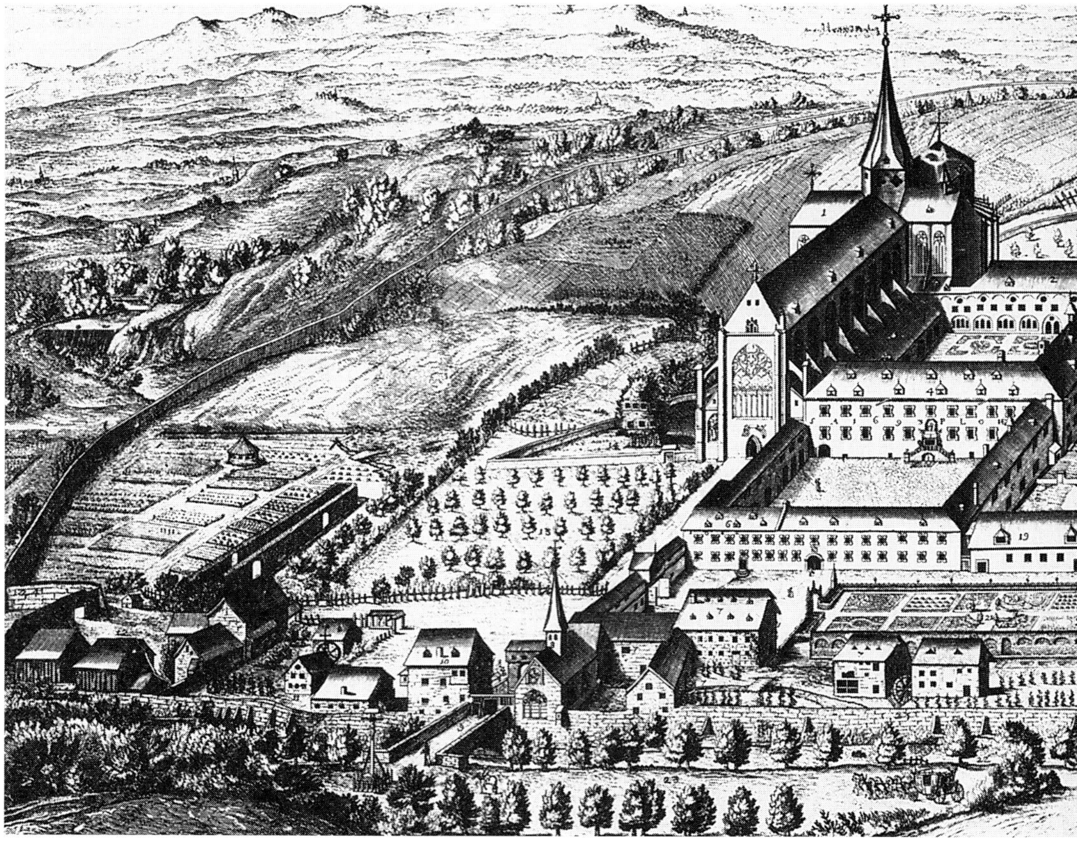

Auf dem Stich aus dem Jahr 1707 läßt sich deutlich erkennen, welche Ausdehnung die Abtei Altenberg einst hatte. Heute sind neben dem Dom nur noch einige ehemalige Klostergebäude mit gastronomischen Betrieben und wenige Wohnhäuser erhalten geblieben. Der Ort hat dank des gewaltigen Gotteshauses jedoch seine Faszination nicht verloren.

Als Unterkunft diente zunächst die alte Festung der Bergischen auf einem Hügel oberhalb einer Flußschleife der Dhünn. Erst später, Mitte des 12. Jahrhunderts, begann der Orden mit dem Bau einer neuen Abtei im Tal und benutzte dazu die Steine des alten Schlosses, von dem so nichts mehr blieb. Der Orden etablierte sich in der idyllischen Gegend, und im Jahr 1200 lebten dort über 100 Mönche und 138 Laienbrüder. Reich muß das Kloster gewesen sein, denn 14 Güter sollen dazugehört haben. Sie lagen am Rhein bei Bacharach, bei Bonn und im Jülicher Land. Eine erste Kirche wurde bei einem Erdbeben 1222 so stark beschädigt, daß man beschloß, eine neue zu bauen. Der schon erwähnte Engelbert, Graf von Berg, Erzbischof zu Köln und Reichsverweser nördlich der Alpen, förderte die Pläne zum Neubau, erlebte den Baubeginn aber nicht mehr, da er 1225 ermordet wurde. Das Herz dieses damals hochverehrten Mannes wurde später in einer Kapelle des Domes aufbewahrt. Um 1255 wurde der Grundstein für die neue gotische Kirche gelegt, und zu Beginn des 14. Jahrhunderts war der Bau vollendet. Kloster und Kirche erlebten Höhen und Tiefen. Der Orden in Altenberg blühte auf, litt dann wieder, wie während des Dreißigjährigen Krieges, unter gewalttätigen Auseinandersetzungen und fand schließlich 1803 ein Ende, als der Reichsdeputationshauptschluß die Abtei auflöste. Die Liegenschaften und Gebäude wurden verkauft. Der neue Eigentümer, ein Weinhändler aus Köln, war nicht dazu verpflichtet worden, den Dom zu erhalten, und der Staat hatte sich ebenfalls – wie so oft – für nicht zuständig erklärt. Mit einem Brand im Jahre 1815, bei dem unter anderem die Kirche beschädigt wurde und ihr Dach verlor, setzte der traurige Verfall des ohnehin mitgenommenen Gotteshauses ein. Der Dom wurde zur Ruine, Wind und Wetter zersetzten das ehrwürdige Bauwerk. Schon vorher hatte man damit begonnen, wertvolle Gegenstände aus der Kirche zu entfernen. Bereits vor dem Verkauf hatte die Regierung Figuren, Gemälde und andere Wertgegenstände nach Düsseldorf schaffen lassen. 1200 Bände der Klosterbücherei wurden ebenfalls in die Residenz am Rhein überführt. Kirchliche Kostbarkeiten wie Monstranzen, Taufgefäße

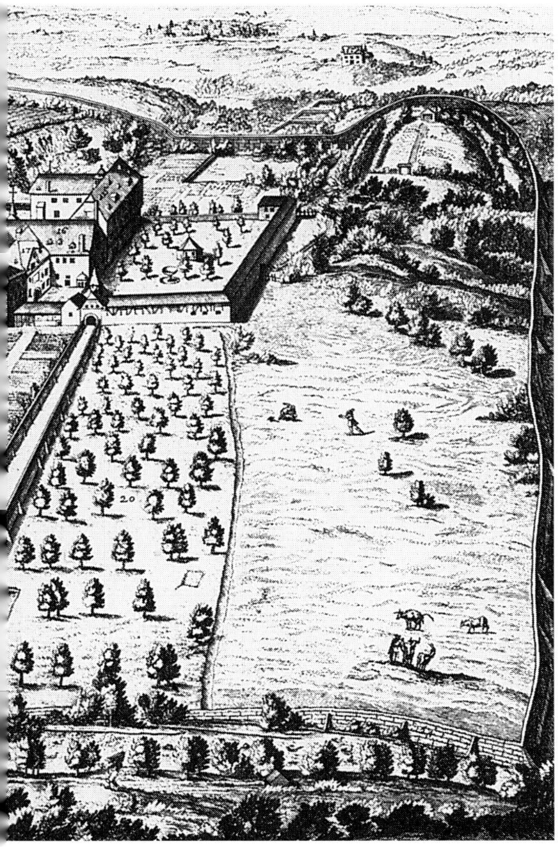

und der Abtstab werden heute in der Schatzkammer von St. Lambertus in der Düsseldorfer Altstadt gehütet.
Der Dom sollte schließlich sogar als Steinbruch für einen Kanal genutzt werden. Doch Mitte des vorigen Jahrhunderts fanden sich dann, ähnlich wie in Schloß Burg, immer mehr Bergische, die den Verfall der Abtei nicht länger hinnehmen wollten und auf Wiederaufbau drängten. Im preußischen König Friedrich Wilhelm IV. hatten sie einen starken Befürworter. Jedenfalls kam die Ruine durch Verkauf in Besitz des Königs und sollte nun restauriert werden. 1835 begannen die Arbeiten, und 1847 stand die Kirche in alter Schönheit wieder da. Der König war es auch, der sie 1857 zur Simultankirche machte – beide Konfessionen sollten dort ihre Gottesdienste abhalten. So wurde den Bergischen ihr Dom wiedergegeben.
Den schönsten Ausblick auf die Kirche hat man, wenn man den Weg von Burscheid aus nimmt. Dazu muß man die Straße, die über die Kammhöhe Richtung Leverkusen weiterführt, verlassen und ins Tal der Dhünn hinabfahren oder -wandern. Plötzlich, an einer der vielen engen Straßenkehren, sieht man den Dom unten im Tal liegen, eingerahmt von Gebäuden der alten Abtei, von üppigen Wiesen und Wäldern.
Wer sich mit den Ideen der Zisterzienser beschäftigt, dieses asketischen Ordens, wird begreifen, daß ihr Denken in dieser Kirche die passende Form gefunden hat. Verglichen mit dem Kölner Dom, mit dessen Bau nur wenig früher als in Altenberg begonnen wurde, ist das Gotteshaus am Ufer der Dhünn in seinen klaren Linien sehr schlicht und schmucklos, ja geradezu nüchtern. Es fehlen die Tierköpfe als Wasserspeier, es gibt keine Kreuzblumen und hübschen Fialen, prächtige Portale sucht man vergebens – getreu dem auf Verzicht ausgerichteten Lebensstil der Zisterzienser. Auch ein mächtiger Turm ist nicht vorhanden: Seinerzeit wollte man nur eine Glocke, die ein Mönch allein läuten kann, und so kam es zu dem recht bescheidenen Dachreiter auf der mächtigen Kathedrale, der aber keineswegs die insgesamt ausgewogene Linienführung unterbricht.
Die Schlichtheit setzt sich im Inneren fort: Es fehlt jeglicher Pomp, jegliche Pracht, und selbst auf Farbe wurde weitgehend verzichtet. Die Säulen sind einfach, der Boden ist aus Stein, der Hauptaltar überraschend schmucklos. Fast schon von überwältigender Pracht ist dagegen das Westfenster, mit einer Fläche von acht mal achtzehn Metern das größte Kirchenfenster Deutschlands. Es stellt das himmlische Jerusalem dar. In der Mitte erkennen wir Christus, rechts und links von ihm Maria und Johannes, darunter andere Heilige. Wer das Glück hat, an einem sonnigen Morgen den Dom zu besuchen, wenn das Licht durch dieses farbenprächtige Fenster fällt, und dann auch noch den Organisten auf der 1980 erneuerten Orgel spielen zu hören, der wird diesen bergischen Dom mit seiner überwältigenden Akustik niemals vergessen.
Heute ist Altenberg vor allem eine Touristenattraktion. Der Dom und die früheren Klostergebäude mit ihren gemütlichen Gaststätten locken jeden Sommer zahllose Gäste an. Das Tal ist idealer Ausgangspunkt für lange Wanderungen: Nach Osten führt der Weg an einigen Fischteichen vorbei, in denen fette Karpfen und Forellen auf ihr Ende in der Küche einer Altenberger Gaststätte warten. Nach Norden kann man dem Verlauf der Dhünn durchs Eifgental folgen, kommt schließlich nach Markusmühle und über den Berg nach Dabringhausen. In Richtung Süden erreicht der Wanderer das Ende des Bergischen Landes und würde, wenn er der Dhünn folgte, zuerst an die Wupper und schließlich an den Rhein gelangen.

Überlebensgroß steht er da, hoch zu Roß, Engelbert, Graf von Berg und später Erzbischof von Köln. Als Reichsverweser nördlich der Alpen war er zu Beginn des 13. Jahrhunderts ein mächtiger Mann im Heiligen Römischen Reich. Das Standbild im Hof von Schloß Burg stammt aus dem 19. Jahrhundert.

Baumerich
Mülh.

Der Altenberger Dom gilt als eine der bedeutendsten gotischen Kirchen in Deutschland. Um 1255 wurden die Anfänge für diese Kirche gelegt, als die Zisterzienser aufgrund einer Stiftung der Herren von Berg im Tal der Dhünn ein Kloster einrichteten. Verglichen mit dem Kölner Dom wirkt das Gotteshaus in Altenberg auffallend nüchtern und bescheiden.

Im Kontrast zur klaren, schlichten Linienführung im Inneren des Altenberger Doms steht die Farbenpracht des riesigen achtteiligen Maßwerkfensters in der Westfassade. Es ist das größte Kirchenfenster Deutschlands.

So klein das Bergische Land auch sein mag, eine so große Vielfalt bietet es doch in seinen Landschaftsformen, in der Gestalt seiner Städte und Dörfer, in den Sitten und Gebräuchen seiner Bewohner; selbst die Sprache ist nicht überall gleich. Um die Region in ihrer ganzen Vielfalt kennenzulernen, bietet sich eine Rundfahrt an. Wir starten in Düsseldorf und fahren Richtung Osten, dann zur Ruhr, von dort Richtung Süden bis ins Tal der Sieg und zurück ins Herz des Bergischen Landes bei Hückeswagen, Wermelskirchen und Schloß Burg. Es gibt viel zu sehen, zu erleben und zu hören auf diesem Weg.

Von Düsseldorf ins sogenannte Niederbergische ist es nur ein Katzensprung. Gleich hinter der Stadtgrenze beim alten Stadtteil Gerresheim beginnt diese Landschaft mit ihren sanft geschwungenen, sehr flachen Hügeln; die Städte Mettmann, Ratingen und Wülfrath liegen dort. Und das Neandertal. Viele der Siedlungen gehen auf den Mönch Suitbertus zurück, der in Kaiserswerth in unmittelbarer Nähe des späteren Düsseldorfs im 7. Jahrhundert lebte und den Menschen in der Region den christlichen Glauben brachte.

Das Niederbergische ist ein Paradies für Wanderer, Reiter und Radfahrer. Die sanften Höhen und romantischen Täler eignen sich hervorragend für Ausflüge. Viele gemütliche Ausflugslokale locken vor allem im Sommer die Gäste an. In Städten wie Mettmann und Wülfrath ist der alte Kern mit schönen restaurierten Fachwerkhäusern, die einen Ring um eine Kirche oder einen Markt bilden, erhalten geblieben. Nicht weit davon liegt Ratingen, einst eine blühende Handelsstadt, die 1276 von einem Grafen von Berg die Stadtrechte erhielt und damit zwölf Jahre älter ist als Düsseldorf. Ein Ausflug an die Ruhr, zum Beispiel nach Essen-Werden, lohnt sich – schon allein, um das Vorurteil zu widerlegen, der Fluß namens Ruhr fließe nur durch eine häßliche Industrielandschaft. Das mag einmal teilweise richtig gewesen sein, doch besonders am unteren Flußlauf, kurz bevor die Ruhr in den Rhein fließt, bei Essen-Kettwig, ist die Landschaft wunderschön. Dies ist daher auch eine sehr begehrte (und entsprechend teure) Wohnlage.

Neviges, der Wallfahrtsort, ist ebenfalls einen Besuch wert. Die 1968 von Gottfried Böhm erbaute Wallfahrtskirche beeindruckt Pilger und Gäste durch ihre eigenwillige Architektur. Fraglich ist allerdings, ob sie in ein paar hundert Jahren die Menschen noch ebenso begeistern wird, wie es die vielen alten Gebäude der bergischen Region noch heute tun – auch sie waren ja einmal „modern“.

Doch nun geht es weiter Richtung Süden. Monheim bietet sich für einen Abstecher an. Der Schelmenturm mitten in der „Alten Freiheit“ zeugt noch von einer wuchtigen Befestigungsanlage, die hier errichtet wurde, als Monheim eine selbständige Zollstation am Rhein war; sehenswert ist auch der alte Markt. Der Ort ist ein idealer Ausgangspunkt für Wanderungen in die endlosen Rheinwiesen und in die Urdenbacher Kämpe auf Düsseldorfer Stadtgebiet – ein sehenswertes Feuchtgebiet mit seltenen Pflanzen und Tieren. Direkt gegenüber und mit der Rheinfähre schnell zu erreichen liegt die Feste Zons – ein Ort, dessen Bebauung aus vergangenen Zeiten fast vollständig erhalten ist. Früher Zollstation und eng mit der kölnisch-bergischen Geschichte verbunden, sieht Zons aus, als habe es Jahrhunderte in einem Dornröschenschlaf gelegen, sei vergessen, irgendwann zufällig entdeckt und erweckt worden.

Zurück geht es auf die andere Seite des Rheines, der übrigens früher bisweilen seinen Lauf geändert hat. Haus Bürgel, ein auf römischen Ursprung zurückgehender Bauernhof zwischen Baumberg und Düsseldorf-Urdenbach, liegt beispielsweise heute rechtsrheinisch, soll aber einmal links des Rheins gestanden haben. Mehrere deutlich sichtbare Altrheinarme, die teilweise noch Wasser führen, zeigen den alten, vielfach geaderten Lauf des Rheines in dieser Gegend.

Wir fahren von Monheim Richtung Leverkusen, an der Chemiestadt vorbei über Odenthal, Schildgen, Bergisch Gladbach nach Bensberg. Hier gibt es ein Prunkstück bergischer Geschichte: das Neue Schloß, von Kur-

fürst Jan Wellem gebaut. Viel hat er wohl nicht von der Anlage gehabt, denn als er 1716 starb, war sie noch nicht ganz fertig.
Nun kommt der südliche Teil des Bergischen Landes. Am riesigen Kölner Königsforst entlang kommen wir nach Overath, fahren an der Agger entlang über Rösrath, Lohmar, Siegburg nach Hennef. Bei der Begegnung mit den hier lebenden Menschen fällt zuerst die Sprache auf. Die Menschen reden ganz anders als weiter nördlich, wo das rheinländische Platt oder verschieden eingefärbte bergische Mundarten üblich sind. Hier aber macht sich Kölner Einfluß bemerkbar: Der Dialekt rund um Siegburg ist sofort an seinem seltsam gemütlichen Singsang erkennbar.
In Hennef treffen wir erstmals auf die südliche Grenze des Bergischen, auf das Flüßchen Sieg. Die Landschaft hat sich völlig verändert. Während das Niederbergische von kleinen Hügeln voller grüner Wiesen, unterbrochen von kleinen Waldstücken, geprägt ist und schier endlose Wälder auf sanften Hügeln das Herzstück des Bergischen bestimmen, ist das Gebiet an Agger und Sieg weitaus schroffer. Felsige, steil abfallende Hänge an den Flüssen geben der Region ihr charakteristisches Bild. Sie wirkt erstmals wirklich „bergig". Es gibt nicht nur liebliche Flußtäler, sondern das Wasser hat an manchen Stellen sogar Schluchten gefräst.
Der Sieg folgend, kommen wir zu einem Kleinod des südlichen Bergischen Landes, zur Stadt Blankenberg. Hoch über der Sieg liegt dieser Ort, der 1245 Stadtrechte erhielt und 1363 an Jülich-Berg fiel. Lange Zeit konnte Blankenberg sich die kleinste Stadt Europas nennen, und der Ort wirbt immer noch damit, obwohl er längst Stadtteil von Hennef geworden ist. Die weitgehend erhaltenen Schutzmauern und die Bergfriede verleihen dem Ort, der damals mit ungeheurem Aufwand auf der Klippe über der Sieg erbaut wurde, noch heute mittelalterliches Flair.
An der Sieg entlang, durchs Windecker Ländchen, kommen wir über Rosbach und Morsbach nach Freudenstadt, wo der Grenzbereich zum Sauerland erreicht ist. Wir wenden uns wieder nach Norden und gelangen am Wiehltalstausee vorbei über Bergneustadt und Gummersbach nach Marienheide, Wipperfürth und schließlich nach Hückeswagen und Wermelskirchen. Schloß Burg und damit das Herz des Bergischen Landes ist nun nicht mehr weit. Diese Rundfahrt läßt sich an einem Tag erledigen, sie dauert aber viel länger, wenn der Reisende sich auch nur einen Bruchteil dessen ansieht, was eine Besichtigung lohnt. Und wenn er dort wandert, in eine der zahlreichen Gaststätten einkehrt, dann wird er Wochen brauchen – und hat doch noch längst nicht alles gesehen.

Gummersbach, heute Kreisstadt des Oberbergischen Kreises, wurde 1109 erstmals urkundlich erwähnt und gehörte im 17. und 18. Jahrhundert zur reichsunmittelbaren Herrschaft Gimborn. Heute macht der Ort vor allem durch seine Handballer von sich reden. Dieses Foto entstand in den fünfziger Jahren. Links die katholische Kirche St. Franziskus, rechts die evangelische Stadtkirche.

Im
21

Schmucke Ortsbilder in Fachwerk und Schiefer gibt es auch am Rande des Bergischen Landes wie hier in Velbert-Langenberg. Velbert spielte im Mittelalter eine wichtige Rolle im metallverarbeitenden und -bearbeitenden Handwerk: Die Stadt hatte sich auf Schlösser und Beschläge spezialisiert. Die Geschichte dieses Handwerks kann im Museum im Zentrum des Ortes nachvollzogen werden.

Dieser Garten liegt nicht im Fernen Osten, sondern in der Chemiestadt Leverkusen. Dort legte Carl Duisberg, damals Chef der Farbenfabriken Bayer, 1912 einen japanischen Garten an. Heute liegt dieser kleine Park im Schatten des 1961 erbauten Bayer-Hochhauses, bietet aber immer noch einen Ort der Ruhe inmitten der pulsierenden Industriestadt.

Das Wasser prägt neben den ausgedehnten Wäldern – hier die Aggertalsperre – die bergische Landschaft. Mit dem Regenschirm in der Hand wird der Bergische geboren, heißt es, und früh hat er es verstanden, sich nicht nur gegen das Wasser zu schützen, sondern es auch zu nutzen. Talsperren wurden gebaut, und sie sicherten auch in den trockensten Sommern die Trinkwasserversorgung. Inzwischen fügen sich die künstlichen Seen harmonisch in die Landschaft ein, und der Wanderer vergißt, daß sie von Menschen geschaffen sind. Deutschlands erste und älteste Trinkwassertalsperre, die Eschbachtalsperre, liegt im Gebiet von Remscheid. 1901, nach zwölf Jahren Bauzeit, war sie fertiggestellt.

Ehreshoven an der Agger ist eines von vielen eindrucksvollen Schlössern im Bergischen Land. In seiner heutigen Form ließen es in der zweiten Hälfte des 17. Jahrhunderts der bergische Erbmarschall Philipp Wilhelm Christoph von Nesselrode und seine Frau Maria Alexandrina Franziska von Leerodt erbauen. Dabei wurden Teile einer älteren Burg in das Haupthaus einbezogen. Der Garten ist im französischen Stil im 18. Jahrhundert angelegt worden.

Das ist die typische Landschaft des Bergischen: sanfte Hügel, Wälder, Wiesen, dazwischen ein Gehöft. Der Mensch prägt das Land, wie hier in der Nähe von Gummersbach, seit Jahrhunderten. Neben dem Handwerk, das vor allem an den Flußläufen aufblühte, hat die Land- und Forstwirtschaft das Gesicht der Region bestimmt.

Ursprünglich gehörte es nicht zum Bergischen Land: Schloß Homburg. Lange Zeit führte ein kleines Gebiet als „Herrschaft Homburg" unter den Grafen von Sayn ein eigenständiges Dasein. Erste Anfänge des Gebäudes entstanden im 15. Jahrhundert, doch erst im 17. und 18. Jahrhundert wurde es schloßartig ausgebaut. Zu dieser Zeit gehörten nur noch Wiehl und Nümbrecht zur Herrschaft Homburg, die benachbarten Kirchspiele Waldbröl und Morsburg wurden von Berg beherrscht. Der eingeschränkte Machtbereich hinderte die Schloßherren nicht daran, ihren Sitz zu einem Schmuckstück auszubauen: Es entstand eine Orangerie, man legte Terrassen an und schmückte die Räume mit wertvollen Gemälden und Möbeln. Heute ist in dem Schloß das Museum des Oberbergischen Landes untergebracht.

Im idyllischen Tal der Leppe bei Marienheide im Oberbergischen liegt das viertürmige Schloß Gimborn. Eine Quelle unter dem Hauptturm aus gotischer Zeit speist den Schloßgraben. Die übrigen Gebäude stammen aus dem 17. Jahrhundert. Wegen seiner malerischen Lage ist das Schloß ein reizvolles Ziel für Wanderer.

Über den bergischen Menschen zu schreiben ist schwierig. Man begibt sich auf das Feld der Spekulation, der persönlichen, also der höchst subjektiven Eindrücke. Doch es gibt einige objektive Tatsachen, die mit dem bergischen Menschen in Verbindung gebracht werden können – anders sind sie kaum zu erklären. Zum Beispiel ein paar technische Wunderwerke: Die Müngstener Brücke, vor der Jahrhundertwende gebaut und die höchste Eisenbahnbrücke Europas, ist bergisch. Im kühnen, atemberaubenden Bogen überquert sie nicht weit von Schloß Burg in schwindelerregender Höhe (107 m) das Tal der Wupper. Menschen, die ein solches Bauwerk schufen, können eigentlich nicht – wie man es den Bergischen nachsagt – eigenbrötlerisch, sondern sie müssen im wörtlichen Sinne verbindlich gewesen sein.

In Wuppertal-Elberfeld wurde der erste doppelstöckige Autotunnel gebaut – und die Wuppertaler haben die weltweit einmalige Schwebebahn. Aus Solingen kommt der berühmte Mini-Schirm „Knirps", inzwischen ein Synonym für zusammenschiebbare Parapluies. Und Solingen ist die einzige Stadt weltweit, deren Namen allein schon ein Markenzeichen ist: ein Relikt aus der Zeit, als die Stadt ein Zentrum der Messer- und Schwertschmieden war. Noch heute ist sie eine erste Adresse in der Besteck-, Scheren- und Messerherstellung. Das Klingenmuseum und der rund um die Stadt führende Wanderweg „Klingenpfad" erzählen von diesen Traditionen. All diese Dinge zeugen von einem erfrischenden Pragmatismus, von gesundem Menschenverstand und der Fähigkeit, die Probleme des Lebens schnell und zupackend zu lösen.

Der bergische Mensch gilt als zurückhaltend, in sich gekehrt und wenig kommunikativ, wie man neudeutsch sagt. Kein Wunder, bei diesem Wetter! Anders als in wärmeren Gefilden spielt sich im Bergischen seit jeher viel in der warmen Stube ab, und Fremde waren da selten zugegen. Andererseits soll es in der bergischen Region eine rekordverdächtige Konzentration von christlichen Gemeinden verschiedener Prägung und von Gesangvereinen geben – und wo man singt, da kann man sich ja bekanntlich ruhig niederlassen. Wahrscheinlich ist's die Mischung des schwerblütigen, in sich gekehrten Westfalen und des lockeren Rheinländers, die sich hier behauptet. Beispielhaft personifiziert ist sie wohl in der Gestalt des früheren Bundespräsidenten Walter Scheel. Scheel, in Solingen geboren und dort als lebenslustiger Mensch bekannt, sang bekanntlich gerne („Hoch auf dem gelben Wagen"). Er war ein ernster Politiker, andererseits aber auch ein süffisanter und raffinierter Rhetoriker. Heinemann, sein Vorgänger im Amt und ein großer Denker mit trockenem Humor, stammt vom Rand des Bergischen, nämlich aus Essen. Friedrich Engels, dessen Theorien, die er zusammen mit Karl Marx entwickelte, die Welt so verändert haben, ist eben-

falls ein Bergischer: Er wurde 1820 in Barmen geboren.
Noch heute erinnert die Stadt Wuppertal, zu der Barmen heute gehört, mit gemischten Gefühlen an ihren berühmten, in einem wohlhabenden, religiösen Elternhaus aufgewachsenen Sohn, der im vorigen Jahrhundert unter dem erschütternden Eindruck der Kinderarbeit in frühkapitalistischen Fabriken seine revolutionären Gedanken entwickelte.

Wuppertal gab es noch nicht, wohl aber Elberfeld (im Bild) und Barmen, als in der Mitte des 19. Jahrhunderts dieser Stich entstand. Erst 1929 schlossen sich die beiden Gemeinden zu einer Stadt zusammen.

Carl Duisberg, Vorstandsvorsitzender der Bayer-Chemiewerke, wurde 1861 in Barmen geboren. Sein Werk hat nach heutiger Auffassung der Region nicht nur Segen gebracht, denn seine Fabriken haben dazu beigetragen, daß die Wupper ein stark belasteter Fluß wurde. Dr. Hubertus Tigges, einer der Begründer des Gruppen-Tourismus, ist ein Bergischer.
Wo ist da die einheitliche Linie? Was haben diese Menschen und die Dinge, die sie schufen, miteinander gemeinsam? Wo ist das typisch Bergische im Menschen? Schwer zu sagen – vielleicht gibt es das gar nicht. Vielleicht ist nur typisch, daß nichts typisch ist. Und daß die Gegensätze dicht beieinander liegen – wie sonst wäre es zu erklären, daß es in den Wuppertaler Stadtteilen Elberfeld und Barmen viele Leute gibt, die fest davon überzeugt sind, daß im jeweils anderen

Viertel Menschen eines völlig anderen Schlages leben?
Auch der bergischste aller Flüsse, die Wupper, drückt Widersprüchliches aus: Wenn einer „über die Wupper" muß, wenn etwas „über die Wupper geht" – das ist nie etwas Positives, sondern drückt Unheil, den Besuch in der ungeliebten Nachbarstadt oder gar sehr salopp den Tod aus. Die Blickrichtung ist allerdings nicht ersichtlich, denn schließlich hat die Wupper, wie alle Flüsse, zwei Seiten – und zwei Namen: An ihrem Oberlauf heißt sie Wipper. Für die Kölner, die größtenteils auf der linken Rheinseite wohnen, ist die andere Rheinseite, also die, auf der das Bergische liegt, ebenfalls nicht positiv besetzt: Für die Kölschen beginnt schon in Deutz (früher bergisch!) die „schäl Sick", die falsche Seite, im Amerikanischen „the wrong side of the street", also die Wohngegend, in der man nicht wohnt, wenn es sich irgendwie vermeiden läßt.
Derlei Sorgen hatte der Ur-Bergische, der Neandertaler, nicht. Er kannte mit Sicherheit diese Flußläufe, wenn auch unter anderen Namen. Und vielleicht liefen sie zu seinen Zeiten ganz anders. Von ihm wissen wir eine Menge – aber ob sich in seinem mächtigen Schädel ein wirklicher bergischer Dickkopf verbarg, das wissen wir nicht.

Er prägte das Gesicht Leverkusens: Carl Duisberg (1861–1935), langjähriger Chef der Bayer-Werke.

So hoch geht es nirgendwo über die Wupper: Die Müngstener Brücke unweit von Schloß Burg verbindet die Städte Remscheid und Solingen. 107 Meter hoch ist die Stahlkonstruktion, über die eine Bahnlinie führt. Damals, 1897, als sie nach drei Jahren Bauzeit fertig war, wurde sie wie ein Weltwunder bestaunt – und auch heute noch gilt sie als technisches Meisterwerk, ist sie doch die höchste Eisenbahnbrücke Europas geblieben.

Es ist kaum zu glauben: Was wir hier sehen, ist Teil einer Großstadt. Die Stadt heißt Solingen und ist für ihre Bestecke weltberühmt. Diese bergische Idylle ist der Kern des Ortsteils Gräfrath. Im Klingenmuseum, das ganz in der Nähe liegt, läßt sich die Geschichte der Stadt als Waffen- und Messerschmiede nachvollziehen.

In diesem Haus wird das Vermächtnis jenes Mannes bewahrt, dessen Name als Verb – „röntgen“ – in den deutschen Wortschatz einging. Es steht in Remscheid-Lennep, und der Physiker, von dem die Rede ist, Wilhelm Conrad Röntgen, entdeckte jene Strahlen, die aus der Medizin, aber auch aus der Werkstoffprüfung und der Kriminologie nicht mehr wegzudenken sind. Das Geburtshaus des großen Wissenschaftlers liegt ganz in der Nähe des Museums am Gänsemarkt. Ähnlich wie bei Haus Hilger in Remscheid-Hasten beeindruckt die aufwendige Schieferverkleidung des Gebäudes.

MUSEUM

Das weltweit sicherste Verkehrsmittel – was ist das? Falsch: nicht das Flugzeug, auch nicht die Bahn, das Auto und das Fahrrad sowieso nicht. Und zu Fuß zu gehen ist mehr denn je gefährlich. Wirklich sicher ist der Mensch nur, wenn er schwebt – nein, nicht aus eigener Kraft oder vor lauter Glücksgefühl auf Wolken. Er muß es in Wuppertal tun, genauer: Er muß die Schwebebahn benutzen. Sobald er drinsitzt, ist er so gut aufgehoben wie in Abrahams Schoß. Bislang hat es nämlich mit diesem einmaligen Vehikel erst einen schwerwiegenden Unfall gegeben. Die Wuppertaler Schwebebahn also ist das sicherste Verkehrsmittel der Welt – das sagen jedenfalls die Wuppertaler. Und darauf sind sie auch sehr stolz.

Daß die Bahn so sicher ist, hat natürlich einen ganz simplen Grund: Sie kann mit nichts und niemandem zusammenstoßen, denn sie bewegt sich ja über den Dingen, schwebend eben, fast losgelöst vom Boden, unbeeindruckt von Staus oder verengten Straßen, glatten Fahrbahnen oder Schneeverwehungen, Unfällen oder Baustellen – also das ideale Verkehrsmittel der Zukunft. Oder?

Genaugenommen schwebt die Schwebebahn nicht, jedenfalls nicht im freien Flug; sie verliert auch nie den Bodenkontakt. Sie fährt vielmehr auf – nein: an Schienen, nur daß sie diese über und nicht unter sich hat. Sie hängt an einem Gestell mit Stahlstreben – insgesamt 472 Stützen – und gleitet meterhoch über den Straßen oder über dem Bett der Wupper dahin. Grob geschätzt hat Wuppertals Wahrzeichen in den Jahren seit seiner Einweihung 1,4 Milliarden Passagiere (zuletzt waren es pro Jahr 25 Millionen) befördert und auf ihrem 13,3 Kilometer langen Streckennetz 260 Millionen Kilometer zurückgelegt. Als sie 1901 den Betrieb aufnahm, da hatte dieses einmalige Ding 16 Millionen Goldmark gekostet, was für damalige Verhältnisse eine schier unvorstellbare Summe war. Übrigens ist sie älter als Wuppertal selbst: Die Stadt entstand erst 1929 aus dem Zusammenschluß mehrerer Orte, unter anderem Barmen und Elberfeld.

Carl Eugen Langen (1833–1895) muß ein technisches Genie gewesen sein. Er hatte schon einen Gasmotor entwickelt und kannte sich auf dem Gebiet der Zuckerverarbeitung aus, als er auf die Idee eines Hängebahn-Systems kam. So wurde er zum Erfinder der Wuppertaler Schwebebahn.

Bevor wir nun mehr von der Schwebebahn und ihrer Geschichte erzählen, müssen wir Tuffi erwähnen. Tuffi war ein Elefant, und zwar ein junger. Wenn er nämlich schon ausgewachsen gewesen wäre, dann hätte er nicht in die Schwebebahn gepaßt. Da er aber noch Miniformat hatte, durfte er sie betreten. Ein Werbegag für den Circus Althoff sollte das damals im Jahre 1950 werden. Nur – Tuffi machte nicht mit. Ihm paßte das ganze Theater nicht, und vor allem paßte es ihm nicht, ein paar Meter über der Erde zu „schweben“. Kurz und gut – kaum war die Bahn gestartet, begann Tuffi zu randalieren, trat schließlich mit kräftigem Stoß die Tür der Bahn ein und stieg aus. Oder vielmehr: wollte aussteigen. Doch das ging an dieser Stelle nicht mehr, denn die Bahn war bereits auf dem Streckenstück oberhalb der Wupper angelangt. Was Tuffi aber an seinen Absichten nicht hinderte. Er verließ die Bahn trotzdem – und klatschte zwölf Meter tiefer in das Wasser der Wupper. Großer Schreck oben, die Reporter, die mit ihren Kameras bei der Werbefahrt dabeiwaren, vergaßen vor lauter Staunen auf den Auslöser zu drücken, so daß es von diesem historischen Moment leider kein Foto, aber eine Menge Erzählungen gibt. Passiert ist am Ende gar nichts: Tuffi hatte ein paar Schrammen an seinem Hinterteil, das damals sehr schmutzige Wasser der Wupper wird ihm nicht geschmeckt haben, aber sonst kam der kleine Elefant heil davon. Fortan verzichteten die Betreiber der Schwebebahn auf solche Gags, größere Tiere sind nie wieder mitgefahren – jedenfalls keine echten.

Aber der Reihe nach, gehen wir zurück zu den Anfängen. Da war Mitte des 19. Jahrhunderts in Köln ein Zuckerfabrikant namens Eugen Langen. Er muß technisch ziemlich begabt gewesen sein, denn neben anderen sinnreichen Erfindungen erdachte er für seine Fabrik auch ein Transportsystem, bei dem die Wägelchen an Schienen unter der Decke liefen. Damit, so meinte er, könnte man doch eigentlich auch Menschen befördern – ein weitblickender Gedanke in einer Zeit, als von Verkehrsstaus und verstopften Straßen noch keine Rede war. Während Langen noch über diese Idee nachdachte, standen die Städte Barmen und Elberfeld im engen Wupper-Tal vor ersten großen Verkehrsproblemen. Die im Zuge der Industrialisierung aufgeblühten Orte konnten sich im Tal nicht weiter ausbreiten; es wurde schlicht immer enger im Tal der Wupper.

Die Stadtväter erwogen den Bau einer Untergrundbahn, was sich aber wegen schwieriger Bodenverhältnisse verbot. Dann dachten sie an eine wie immer geartete Hochbahn – und schließlich kam man zusammen: Eugen Langen und die Städte Barmen und Elberfeld. Das war ungefähr 1890. Doch damals war die Begeisterung für die Schwebebahn – so wurde sie von ihrem geistigen Vater Langen genannt, eigentlich heißt sie jedoch „einschienige Hängebahn“ – durchaus nicht ungeteilt. „Hoch soll sie schweben!“ schrien damals beileibe nicht alle Wupper-Taler, viele sprachen sich leidenschaftlich gegen das unheimliche Gebilde aus. Städte wie Berlin, Bres-

lau und München hatten vorher schon dankend abgelehnt, als Langen ihnen die Bahn anbot.
Am Ende waren – angeblich typisch für die beiden Orte des heutigen Wuppertales – die Elberfelder dafür und die Barmer dagegen, und gebaut wurde trotz aller Widerstände. Im Jahr 1900 war dann die Einweihung. Kaiser Wilhelm II. und seine Auguste Viktoria kamen höchstselbst an die Wupper, schwebten ein Stück mit und verteilten einige Orden. Fürs gemeine Volk war die Bahn dann ab 1901 auf einem Teilstück und ab 1903 auf der gesamten Strecke frei. Jahrzehnte fuhr – oder besser: schwebte sie unfallfrei, abgesehen von einem harmlosen Zwischenfall, bei dem ein Mann von der Schwebebahn fast überfahren wurde. Wie das geht? Nun, das war im Jahre 1903. Der Mann stand hoch auf einem Wagen, der mit Heu und Stroh beladen war – und zwar sehr hoch. Als er da oben arbeitete, kam auf einmal die Bahn. Passiert ist nicht viel, doch der Arme muß sich ziemlich erschrokken haben. Er hatte an diesem Ort wohl nicht mit Verkehr gerechnet. Erst im April 1999 kam es zu einem folgenschweren Unfall. Arbeiter hatten beim Abbau einer Baustelle an den Schienen eine Stahlkralle vergessen. Durch dieses Metallteil sprang ein Zug der Schwebebahn aus der Schiene und stürzte zehn Meter tief ab. Fünf Menschen kamen ums Leben, 45 wurden verletzt.

Die Wuppertaler Schwebebahn im Jahr 1906, fünf Jahre nach der Inbetriebnahme. Im Prinzip hat sich bis heute wenig geändert – lediglich die Stahlstützen sind mit Beton ummantelt.

Und heute? Die Schwebebahn ist vor allem ein notwendiges, längst unverzichtbares Verkehrsmittel in Wuppertal. Hier quält sich der Autoverkehr auf nach wie vor engen Straßen durchs Flußtal, während die Bahn pünktlich und mit höchstens 60 Kilometern pro Stunde ihrem Ziel entgegenschwebt. Werktäglich wird sie von mehr als 75 000 Menschen benutzt. Ob sie schön ist? Nun, selbst ein begeisterter Wuppertaler wird die Stahlstützen, die die Bahn tragen, kaum ästhetisch finden können. Und daß sie vor Jahren mit Beton ummantelt wurden, nachdem ein Lkw gegen eine der Stützen geprallt war, macht das Gebilde auch nicht attraktiver. Eine Augenweide allerdings sind einige der Bahnhöfe, in denen Jugend- und Heimatstil eine gelungene Verbindung eingegangen sind.
Vor allem aber ist die Schwebebahn ein vielbestauntes Unikum, weltweit berühmt und so kurios, daß viele Touristen, wenn sie sie zum ersten Mal sehen, wirklich staunen und feststellen: „Die gibt es also wirklich!"
Zum Schluß ein paar Zeilen von Joachim Ringelnatz, der sie in hintergründigen Reimen verewigte:

Als in Elberfeld wir in der
Schwebebahn,
Runter auf das Wupperwasser sahn,
Und dann plötzlich unsere
Blicke hoben,
Gen einander ins Gesicht,
Hätten wir uns eigentlich verloben
Können. Doch wir tatens nicht.
Weil man manchmal in der Schwebe
Schweigen vorzieht.
Um bald wieder auszusteigen.

5
26

Damit hebt Wuppertal ab, verliert aber dennoch nicht den Kontakt zur Erde, bleibt also – typisch bergisch – bodenständig: die Schwebebahn. Weltweit ein einmaliges Verkehrsmittel, fährt sie, an Schienen hängend und meist dem Lauf der Wupper folgend, durch das Stadtgebiet. Seit ihrer Inbetriebnahme im Jahr 1901 hat es kaum schwerwiegende Unfälle gegeben.

Er war kein Arbeiterkind, sondern der Sproß eines wohlhabenden Fabrikanten: Friedrich Engels. Das heutige Engels-Haus in Wuppertal ist nicht der Ort seiner Geburt, aber es gehörte der Familie. Man sieht es ihm an: Komfortabel, geräumig und mit Schiefer verkleidet, zeugt es vom Wohlstand seiner Eigentümer. Im Engels-Haus sind Schriften und Fotos zu den Arbeitsbedingungen in der Zeit der Frühindustrialisierung ausgestellt, die erhaltene Inneneinrichtung dagegen dokumentiert den Lebensstil privilegierter Menschen.

Falls Sie ein in Deutschland hergestelltes Auto fahren, dann ist die Wahrscheinlichkeit recht hoch, daß irgendein Metallteil Ihres Wagens im Bergischen Land bearbeitet oder hergestellt worden ist. Rund um Wuppertal, Solingen und Remscheid bis hin zum Eifgental, aber auch an der Sieg und im niederbergischen Velbert hat die metallverarbeitende Industrie eine viele Jahrhunderte alte Tradition. Vor Generationen schon haben sich manche Familien auf die Arbeit mit Eisen und Stahl spezialisiert. Ihre Kenntnisse gehen weit zurück ins frühe Mittelalter. Von dort läßt sich ein weiter Bogen schlagen bis in die Neuzeit – hin zu den Gebrüdern Mannesmann, die das nahtlose Stahlrohr erfanden und den Grundstock für einen Weltkonzern legten; hin auch zur heute weltberühmten Besteckindustrie in Solingen; zu Friedrich Engels, dem von der Industrialisierung geprägten Fabrikantensohn aus Wuppertal; zu Wilhelm Röntgen, geboren in Lennep, der die später nach ihm benannten Strahlen entdeckte, und zu dem Chemie-Giganten Bayer, der in Wuppertal und Leverkusen seine wichtigsten Betriebe hat.

Es muß um das Jahr 1000 begonnen haben. Aus dieser Zeit stammen die ersten Überlieferungen von Waldschmieden aus dem Bergischen Land, die kleinere Eisenerzvorkommen nutzten und für sich und die winzigen Siedlungen der Region Nägel, Hufnägel, Messer und Sicheln schmiedeten. Die nächste größere Siedlung, in der man solche Waren hätte kaufen können, war weit entfernt, also mußten die Bewohner des unwegsamen Bergischen Landes sich selbst helfen, um unabhängig zu sein. Natürlich war die Region längst nicht so bequem zu bereisen wie heute, sie war unwirtlich und abweisend. Wege gab es nur wenige, die Wälder waren dicht, der Regen verursachte häufig Überschwemmungen in den Tälern, Bäche und Flüsse änderten häufig ihren Lauf – diese Landschaft zu besiedeln und urbar zu machen, dürfte ein hartes, gefährliches Stück Arbeit gewesen sein.

Wilhelm Conrad Röntgen (1845–1923): Der aus Lennep stammende Physiker revolutionierte mit der Entdeckung jener Strahlen, die später nach ihm benannt wurden, die medizinische Diagnostik (Foto aus dem Jahr 1906).

Schon im 12. und 13. Jahrhundert tauchten Solinger Klingen auf der Messe in Frankfurt am Main auf, und die Waren wurden auch in Flandern angeboten. Kurze Zeit später, so die Überlieferung, gab es in Solingen bereits die Zünfte der Härter und Schleifer, der Schwertfeger und der Meßmacher (Messermacher). Waffenschmiede aus Köln begannen, ihre noch unfertigen Produkte von Lohnschmieden an den Flußläufen des Bergischen Landes bearbeiten zu lassen – dort bekamen sie den letzten Schliff. Bald blühte dieser Handwerkszweig auf. Die Menschen nutzten mehr und mehr die natürliche Kraft des im Bergischen so reichlich fließenden Wassers. Wasserhämmer wurden gebaut, erleichterten den Schmieden die Arbeit und ermöglichten es, die Produktion auszuweiten. Hunderte solcher Betriebe entstanden an der Wupper und ihren Bachläufen. Die Bäche und kleinen Flüsse hatten ein starkes Gefälle, das dem Element die nötige Kraft verlieh, und die dichten Wälder lieferten die zum Schmieden benötigte Holzkohle. Hammerschmidt ist ein heute noch geläufiger Name im Bergischen. Weiler wie Goldenbergshammer und Neuenhammer zeugen von der einstigen Bedeutung dieser kleinen Siedlungen.

Vom Dreißigjährigen Krieg zwar gebeutelt, aber nicht völlig verwüstet, erlebte die Region im 17. Jahrhundert eine regelrechte Blütezeit. Vor allem in Solingen, Remscheid und den umliegenden Orten weitete sich die Metallverarbeitung aus. Nachdem die Schußwaffen den Schwertern und Degen den Rang abgelaufen hatten, spezialisierte man sich auf die Herstellung von Werkzeugen. Solingen blieb aber berühmt für seine Klingen:

Der Feldherr Tilly besaß eine, der französische König Heinrich IV. bekam von Papst Clemens VIII. eine geschenkt, Philipp II. von Spanien war stolz auf sein Solinger Schwert. Und viele dieser Klingen sind heute noch als Kostbarkeit weltweit in verschiedenen Museen zu bestaunen. So berühmt wie ihre Kunstwerke waren auch die Meister, die sie schufen: Clemens Horn, Wilhelm Weyersberg und Peter Müngsten waren zu ihrer Zeit international bekannte Waffenschmiede. Ihre Namen sind noch heute im Bergischen und in Düsseldorf verbreitet. Das Solinger Klingenmuseum zeigt in seinen Vitrinen eine Fülle dieser prachtvollen Gegenstände. Diese lange gepflegte Kunst der Metallverarbeitung legte den Grundstein für die heutige Metallindustrie, die im Bergischen nach wie vor eine große Rolle spielt, da es ihr gelungen ist, sich auf die Bedürfnisse der Gegenwart einzustellen.

Eine vergleichbar große Rolle wie die Metallhandwerker spielte in den Anfängen das Gewerbe der Garnbleicher, die sich vor allem an den Flußläufen der Wupper mit ihren großen, für das Bleichen gut geeigneten Wiesen niederließen. Hinzu kam die stoffverarbeitende und -herstellende Industrie: Zeitweise gab es in Städten wie Lennep einige hundert Webstühle, auf denen weit über die Grenzen des Landes bekanntes Tuch hergestellt wurde. Mitte des 18. Jahrhunderts blühte diese Industrie auf. Feintuchfabrikanten und die mit dem Stoff handelnden Kaufleute häuften große Vermögen an. In den bergischen Städten zeugen prächtige Villen, die damals errichtet wurden, von der großen Zeit der bergischen Industrie und des bergischen Handels. Nach der napoleonischen Herrschaft, die wegen der Handelsbeschränkungen den Bergischen schwere Probleme bereitete, setzte sich der Prozeß der Industrialisierung in der Region fort. Mit moderneren Maschinen mit Dampfkraft und Elektrizität kamen aber nicht nur Fortschritt und Wohlstand, sondern auch eine zunehmende Verelendung der Arbeiterklasse. Kinderarbeit war, wie in anderen Industrieregionen Europas, normal. Und das Elend dieser Menschen, das der junge Wuppertaler Unternehmersohn Friedrich Engels miterlebte, brachte ihn und andere Denker auf revolutionäre Ideen. Nicht nur kommunistische Vorstellungen, auch verschiedene soziale Modelle der Fürsorge wurden damals entwickelt, und sie haben unseren heutigen Sozialstaat nachhaltig geprägt. Das Friedrich-Engels-Haus in Wuppertal präsentiert eine faszinierende Sammlung von Dokumenten, Zeitungen und Büchern aus dieser Zeit der Frühindustrialisierung.

Die Metallverarbeitung und -bearbeitung spielte in Solingen von alters her eine bedeutende Rolle. Das Foto aus einer Messerschleiferei stammt aus dem Jahr 1923.

Der Barmer Fabrikantensohn Friedrich Engels (1820–1895) begründete zusammen mit Karl Marx den sogenannten wissenschaftlichen Sozialismus und veränderte damit die Welt.

Die unerschöpfliche Kraft des Wassers wurde im Bergischen schon früh genutzt. Hier, im Remscheider Kotten Steffenshammer, kann man sich anschauen, wie ein riesiger Hammer, angetrieben von der Energie des flüssigen Elements, das glühende Eisen schlägt.

Buchstäblich museumsreif ist diese Doppel-Turbine aus dem Jahr 1907, ein beeindruckendes Zeugnis aus einer Zeit, als das Bergische sich von der direkten Nutzung der Naturkraft abwandte, um konkurrenzfähig zu bleiben. In Engelskirchen ist sie in einer Außenstelle des Rheinischen Industriemuseums in einer früheren Baumwollspinnerei zu besichtigen.

Über das Bergische zu reden und seine Speisen zu ignorieren – das ergibt ein ganz unvollständiges Bild. Schließlich fahren die Leute nicht nur wegen der schönen Landschaft in die Region, sondern sie lassen sich auch durch andere Genüsse anlocken.
Eines vorweg: Wer typisch bergisch essen will, sollte kein Kalorienzähler sein. Ihn würden nur Frust und Unverständnis erwarten. Die Küche ist deftig und schwer. Sie füllt den Magen nachhaltig, denn in diesem Land haben die Menschen immer hart gearbeitet, und schwere Arbeit verlangt eine kräftige Mahlzeit. Daß dies auch heute noch gilt, verraten die Speisekarten. Mit Nouvelle cuisine hat die bergische Küche also wenig im Sinn, auch wenn es natürlich inzwischen viele hervorragende Restaurants gibt, in denen auch Gourmets zufrieden sein können. Aber die meisten urigen Gasthöfe des Bergischen Landes bieten eine Küche, die zum oft jahrhundertealten Haus paßt, Land und Leuten gerecht wird. Viele Gasthöfe sind in ehemaligen Bauernhöfen oder Mühlen, den Kotten, wie sie im Bergischen heißen, untergebracht.
Oft stehen Wildspezialitäten auf der Karte. In den umliegenden Wäldern lebt ja viel Nieder- und Hochwild. Häufig kennt der Wirt den Jäger oder Förster persönlich, oder er geht selbst auf die Pirsch. Für Nachschub ist also stets gesorgt. Das an Teichen und Talsperren reiche Land bietet zudem frischen Fisch: Forelle vor allem, aber auch Karpfen, Zander, Hecht werden lecker zubereitet angeboten. Regionale Spezialitäten gibt es ebenfalls: „Kotten-Butter" ist eine große Holzplatte mit Schinken, frischem, kräftigem Brot und Käse. „Handkäs mit Musik", ebenfalls ein Imbiß für den hungrigen Wanderer, paßt garantiert in keinen Diätplan. Dahinter verbirgt sich ein Stück Mainzer Käse mit kräftigem Brot. Findet sich „Pillekuchen" auf der Speisekarte: unbedingt bestellen. Dieser „Kuchen" ist eigentlich keiner, denn er wird nicht gebacken, sondern – ähnlich dem Pfannkuchen – in der Pfanne gebraten. Hauptbestandteile sind geraspelte Kartoffeln, ein paar Zwiebeln und Mehl; manchmal werden Speckstreifen in den Teig gemengt. Dazu ißt man Schwarzbrot mit Butter, Rübenkraut oder grünen Salat. Viele lieben diesen Kuchen übrigens auch kalt auf Schwarzbrot. Ganz anders „Himmel und Erde": Diese Spezialität besteht aus Kartoffelbrei und Apfelmus, zu einem Brei vermengt und mit gebratenem Speck und gedünsteten Zwiebeln garniert.

In manchen Haushalten gehört statt des Specks gebratene Blutwurst (in Düsseldorf heißt sie „Flöns") oder gebratener „Panhas", eine dunkle Masse aus eingedicktem Blut, dazu. Andere halten gebratene Leber oder Gulasch für die ideale Beilage. In früheren Jahren, als diese Gerichte entstanden, war so etwas allerdings der pure Luxus: Die einfachen Speisen zeigen, daß die Menschen im Bergischen sehen mußten, wie sie aus wenigen vorhandenen Zutaten eine warme Mahlzeit zaubern konnten. Heute sind solche urigen Spezialitäten wieder „en vogue", freilich werden sie meistens mit neuen Beigaben verfeinert.
Das bekannteste aller landestypischen Gerichte ist die Bergische Kaffeetafel. Neudeutsch würde man sie

wahrscheinlich als „Brunch“ bezeichnen, denn sie ist äußerst voluminös, ersetzt durchaus ein Mittagessen und wurde in früheren Zeiten nur zu besonderen Anlässen, wenn Besuch kam, aufgetischt. Den Gästen wollte man alles präsentieren, was Küche und Keller zu bieten hatten. Also bestand diese Kaffeetafel nicht nur aus Kaffee und Gebäck, sondern es kam noch einiges hinzu: Korinthenweißbrot oder Waffeln, die man dick mit Reisbrei belegte und mit Zimt und Zucker bestreute, Platz (süßes Weißbrot) oder Schwarzbrot mit Butter, Marmelade und Klatschkäs’ (so heißt der Quark im Bergischen und Teilen des Rheinlandes), Rodonkuchen oder Ballbäuschen (ein süßes, kugelförmiges Gebäck), Schwarzbrot mit Käse, Burger Brezeln und/oder Zwieback zum Stippen (in den Kaffee). Dazu gab es Kaffee – aus einer Dröppelmina in die Tassen gefüllt. Hinterher war eine Verdauungshilfe nötig, am liebsten ein Aufgesetzter, also ein mit Beeren angesetzter Schnaps. Die Kaffeetafel war so ein Spiegelbild des Wohlstandes im Hause des Gastgebers: Wer es sich leisten konnte, der tischte seinen Gästen mächtig auf. War etwa der Reisbrei dünn und nicht steif, kündete das von der Armut des Besuchten – oder von seinem Geiz.

Reis und Kaffee kamen aus Holland ins Bergische. Und von dort kam auch die sogenannte Dröppelmina, eine im Bergischen beheimatete ganz spezielle Kaffeekanne. Sie stand auf einem breiten oder auf mehreren kleinen Füßen mitten auf der Kaffeetafel, und jeder konnte sich den Kaffee daraus selbst einschenken. Das kräftige Gebräu – zuerst war es Gersten- oder Malzkaffee, später erst verbreitete sich der Bohnenkaffee – floß aus einem kleinen Hahn vorne an der großen Kanne. Riesige Dröppelminas für große Gesellschaften konnten bis zu 20 Liter Kaffee fassen. Ihren Namen erhielt die Kanne übrigens von einer technischen Eigenart: In früheren Zeiten, als gefilterter Kaffee noch nicht bekannt war, verstopfte der Kaffeesatz oft das winzige Hähnchen, und die Mina begann zu tropfen, also zu dröppeln. Heute findet man Dröppelminas leider nur noch selten. Alte Exemplare werden zu hohen Preisen als Antiquität verkauft. Auch die Bergische Kaffeetafel hat sich gewandelt. Sie ist längst nicht mehr das aus allen möglichen Vorräten oder auch Resten zusammengestellte Mahl, sondern ein fester Bestandteil der Speisekarten aller bergischen Ausflugslokale geworden. Nur selten wird sie leider noch nach alten Traditionen serviert. Vor allem ist sie luxuriöser geworden: Die Waffeln werden heute meistens mit einer dicken Schicht erwärmter, eingeweckter Sauerkirschen serviert. Lecker ist es immer noch, vor allem, wenn man von einer langen Wanderung durch die Wälder oder die Täler kommt und in einer der gemütlichen Gaststätten einkehrt.

Hier traf man sich einst zur Kaffeetafel: Blick in einen altbergischen Wohnraum, eingerichtet im Bergischen Museum auf Schloß Burg.

Zwei besonders schöne Dröppelminas, Prunkstücke der Sammlung des Bergischen Museums auf Schloß Burg. Sie stammen aus dem 18. Jahrhundert.

Es hat sich ausgedröppelt, heute ist sie nur noch eine Antiquität, und dabei stand diese Dröppelmina einmal prachtvoll inmitten einer Bergischen Kaffeetafel. An ihr nahmen meist viele Gäste Platz, und die wollten alle ihren Kaffee haben – so wurde er also aus der „Kranenkanne“ gezapft. Meist war die Dröppelmina aus Zinn und hatte drei Beine – gelegentlich auch nur eines. Dieses Prachtexemplar steht im Heimatmuseum Remscheid-Hasten.

Ein Wahrzeichen, ein achtbares. Manche stippen es in den Kaffee, andere knabbern an dem Gebäck oder hängen es sich an einem Band um den Hals, lassen es trocknen und nutzen es als Dekoration: die Burger Brezel. Sie ist, im wahrsten Sinne des Wortes, Geschmackssache. Erhältlich ist sie auf Schloß Burg, doch ihre Herkunft verliert sich im Dunkel bergischer Geschichte.

Altbier: Spezielles obergäriges Bier, das nur in Düsseldorf und der nahen Umgebung gebraut wird. In der Landeshauptstadt gab es noch im vorigen Jahrhundert Dutzende von winzigen Hausbrauereien; heute sind es nicht einmal mehr ein halbes Dutzend.

Altenberg: Ursprünglich Stammsitz des Geschlechts von Berg (Altenberge). Heute ist der Altenberger Dom, auch Bergischer Dom genannt, eine der Hauptattraktionen des Bergischen Landes. Die – entsprechend den Idealen der Zisterzienser – sehr schlicht gebaute Kirche ohne ausgeprägten Hauptturm ist ein Gotteshaus beider Konfessionen und beeindruckt durch eine hervorragende Akustik. Häufig finden dort Orgelkonzerte statt. Altenberg ist zudem Ausgangspunkt für Wanderungen im idyllischen Eifgental. Am Anfang des Tales liegt ein ganzjährig geöffneter Märchenpark.

Benrather Schloß: Benrath ist einer der südlichen Stadtteile Düsseldorfs, und sein Wahrzeichen ist das Schloß des Baumeisters Nicolas de Pigage. Er errichtete es von 1755 bis 1773, in der Zeit des Spätbarock, für den Kurfürsten Karl Theodor als Jagdschloß. Innen beeindruckt das Schloß mit üppigen Ausstattungen im Stile Ludwigs XVI. Im Giebel des Hauptgebäudes findet sich eine der ältesten Uhren Deutschlands. Ihr Merkmal: Sie hat nur einen Zeiger. Sehenswert auch der riesige Park, im akkuraten französischen Stil mit viel Sinn für Symmetrie angelegt (Benrather Schloßallee, Telefon 0211/899 38 32, Besichtigung des Schlosses täglich, außer montags, im halbstündigen Turnus 11 bis 17 Uhr, von April bis Oktober 10 bis 18 Uhr).

Bensberg: Die Stadt, die heute zu Bergisch Gladbach gehört, beherbergt das Alte Schloß der Grafen von Berg (Baubeginn im 12. Jahrhundert, bis ins 19. Jahrhundert immer wieder grundlegend umgestaltet) und das Neue Schloß des Kurfürsten Jan Wellem, eine barocke Anlage (erbaut 1705–1716). Umstritten ist der Rathausneubau, im Volksmund immer noch „Affenfelsen" genannt, ein Werk des Architekten Gottfried Böhm aus den 1950er Jahren. Im Ortskern sind einige gut erhaltene Fachwerkhäuschen zu finden. Im Museum für Bergbau, Handwerk und Gewerbe wird die wirtschaftliche Entwicklung des Bergischen Landes dokumentiert: Zu sehen sind ein 400 Jahre alter Wasserhammer (Wolfertshammer) und die Nachbildung eines Erzbergwerks. Außerdem wird gezeigt, wie die Papierindustrie im Bergischen arbeitete (Burggraben 9–21, Telefon 02204/555 59, geöffnet dienstags bis freitags 10 bis 14 Uhr, sonntags 11 bis 18 Uhr).

Bergisch Gladbach: Die Kreisstadt des Rheinisch-Bergischen Kreises grenzt unmittelbar an Köln. Stolz ist man auf einen der landschaftlich schönsten Golfplätze in Refrath (18 Löcher). Die Kirche St. Johann Baptist, ebenfalls in Refrath, ist noch in der Stauferzeit angelegt worden (gegründet im 9. Jahrhundert, wesentliche Bauteile aus dem 11./12. Jahrhundert) und enthält Fresken aus dem 15. Jahrhundert. Im Museum „Villa Zanders" im Alten Kreishaus werden wechselnde Ausstellungen präsentiert – vor allem Dokumentationen der seit 1582 hier beheimateten Papierindustrie (Konrad-Adenauer-Platz 8, Telefon 02202/14 23 34, geöffnet dienstags bis samstags 14 bis 18 Uhr, donnerstags bis 20 Uhr, sonntags 11 bis 18 Uhr). Bergisch Gladbach grenzt an den Königsforst, ein riesiges Waldgebiet, das bis zum Flughafen Köln-Bonn reicht und vielfältige Wander- und Reitmöglichkeiten bietet.

Bergisches Haus: Das typisch bergische Haus prägt das Bild der Region. Schwarz-grau das Schieferdach und die teilweise mit Schiefer verkleideten Wände, schwarz die Balken des Fachwerks, weiß die Zwischenräume und grün die Holzladen – noch heute gibt es viele dieser Behausungen mit prachtvollen Türen vor der großen Längsdiele in der Mitte. Auch die Villen der Patrizier aus dem 18./19. Jahrhundert sind an diesem Baustil orientiert und haben bis heute die Farben Schwarz-Weiß-Grün-Grau beibehalten. Zu sehen sind diese Häuser überall im Bergischen.

Blankenberg: Die Festung Blankenberg im südlichen Bergischen Land (an der Sieg) ist heute Stadtteil der Stadt Hennef, nennt sich aber immer noch „kleinste Stadt Deutschlands". Die alten Festungsanlagen mit Schutzmauer und Wehrtürmen hoch über der Sieg sind noch weitgehend erhalten. Im Katharinenturm ist ein Heimatmuseum untergebracht (geöffnet von April bis Oktober sonntags 15 bis 17 Uhr). Unter der Telefonnummer 02248/25 11 (Professor Helmut Fischer) können eventuell private Führungen vereinbart werden – auf jeden Fall gibt es Informationen.

Bonte Kerken: Die fünf bekanntesten dieser „bunten Kirchen" liegen in Müllenbach, Lieberhausen, Wiedenest, Marienberghausen und Marienhagen – sämtlich im südlichen Bergischen Land. Diese Gotteshäuser wurden einst – teilweise schon im 11. Jahrhundert – als Wehr- und Gebrauchskirchen errichtet und leuchtend bunt mit Darstellungen wichtiger Szenen der Bibel ausgemalt. Man wollte damals auch jenen Menschen die Religion nahebringen, die nicht schreiben und auch nicht lesen konnten. Teilweise sind die Bilder sehr drastisch, vor allem die drohende Verdammnis ist in eindringlichen Szenen dargestellt.

Burg an der Wupper: Heute ein Stadtteil Solingens, ist der Ort mit der größten Touristenattraktion des Bergischen Landes gesegnet – Schloß Burg. Das Schloß, nach Altenberge im 13. Jahrhundert errichteter Stammsitz des Bergischen Herrschergeschlechtes, wurde im 19. Jahrhundert restauriert und dabei entscheidend verändert. Es beherbergt heute das Bergische Museum mit einer sehr umfangreichen Ausstellung von Waffen, Handwerkszeug, Ritterrüstungen, Möbeln, Haus- und Tafelgerät. Vor allem die großen Wandgemälde im Rittersaal sind beeindruckend: In stark idealisierenden Darstellungen zeigen sie die Geschichte der Burg und des Geschlechts derer von Berg. Ein Rundweg führt den Besucher durch das Schloß (Telefon 0212/242 26 11, geöffnet von November bis Februar dienstags bis sonntags 10 bis 16 Uhr, von Mitte März bis Oktober dienstags bis sonntags 10 bis 18 Uhr, montags 13 bis 18 Uhr).

Burger Brezeln: Dieses Backwerk gehört zu Burg wie die Schloßanlage. Das einfache Gebäck erfreut sich bei Besuchern großer Beliebtheit, wird vor allem an langen Bändern am Hals getragen und – möglicherweise nie gegessen. Burger Brezeln haben die Form einer liegenden 8 und sind in verschiedenen Größen erhältlich.

Dröppelmina: Dieser Kaffeetopf auf drei Füßen (oft auch nur auf einem) mit einem kleinen Hahn, aus dem der Kaffee fließt, gehörte früher unbedingt zur Bergischen Kaffeetafel, wird heute aber nur noch selten benutzt, allerdings häufig als teure Antiquität verkauft. Dröppelminas sind in fast jedem alten bergischen Lokal zu sehen, außerdem in vielen Museen. Ihren Namen verdanken die Kannen einer technischen Eigenart: Nach langen Jahren des Gebrauchs schlossen die Hähne nicht mehr richtig – die Kanne begann zu „dröppeln".

Düsseldorf: Die heutige Landeshauptstadt Nordrhein-Westfalens war früher zeitweise Sitz der Herrscher von Berg. Die Stadt ist eine Dienstleistungs- und Wirtschaftsmetropole, beherbergt aber außerdem – für Einheimische und Touristen interessant – eine Vielzahl von Museen, Theatern, zudem Kabarett und Oper. Das Schauspielhaus, das unter Gustaf Gründgens in der Nachkriegszeit seine Glanzzeit erlebte, macht noch heute – inzwischen in unmittelbarer Nähe des Thyssen-Hochhauses in einem beeindruckenden Bau aus den 1960er Jahren untergebracht – mit provokanten Inszenierungen von sich reden (Vorverkauf: Telefon 0211/36 99 11). Das K21 im Ständehaus sowie das K20 (Kunstsammlung Nordrhein-Westfalen; Telefon 0211/838 10) und die Kunsthalle (Telefon 0211/899 62 43), beide am Grabbeplatz in der Altstadt, setzen Akzente in der bildenden Kunst. Das Kunstmuseum im Ehrenhof (Telefon 0211/899 24 60) – Schwerpunkt: Düsseldorfer Malerschule – ist in einem Baukomplex untergebracht, der 1925 für die Ausstellung „Gesolei" (Ausstellung für Gesundheitspflege) errichtet wurde. Dazu gehört neben dem Landesmuseum für Volk und Wirtschaft (Telefon 0211/492 11 08) auch die Tonhalle, einst ein Planetarium, heute ein runder Saal mit hervorragender Akustik für Musikdarbietungen. Sämtliche Museen sind täglich außer montags geöffnet. Näheres dazu unter der Telefonnummer 0211/89 91. Im Souterrain der Kunsthalle am Grabbeplatz ist das Kabarett „Kom(m)ödchen" untergebracht. Lore und Kai Lorentz gründeten es nach dem Krieg (Programm und Karten: Telefon 0211/32 94 43). Nicht weit davon entfernt, an der Mühlenstraße hinter dem Landgericht, findet sich ein gutes Beispiel für „Kunst am Weg": das „Stadterhebungsmonument" von Bert Gerresheim. Es zeigt die Entwicklung der Stadt, beginnend im Jahr 1288, als Düsseldorf mit Hilfe der Bauern des Bergischen Landes den Kölner Erzbischof besiegte und daraufhin von den bergischen Grafen die Stadtrechte erhielt. Derselbe Künstler schuf übrigens am Schwanenmarkt ein Denkmal des berühmtesten Sohnes von Düsseldorf, Heinrich Heine, das allerdings nicht ungeteilten Anklang findet. Weitere Sehenswürdigkeiten: Königsallee, Altstadt, Hofgarten, Nordpark mit japanischem Garten und Löbbecke-Museum, einer gelungenen Kombination aus Naturkundemuseum, Terrarium und Aquarium (Kaiserswerther Straße 380, Telefon 0211/899 61 50, geöffnet täglich 10 bis 18 Uhr), ferner die Immermannstraße mit umliegenden Straßen, die sich zu einer japanischen Kolonie mit Geschäften, Restaurants und Banken entwickelt hat.

Eckenhagen: Der Ort liegt im Oberbergischen Kreis und gehört zur Gemeinde Reichshof. Sehenswert ist die Barockkirche, deren Ursprünge auf das 12. Jahrhundert zurückgehen. Die Orgel aus dem Jahr 1794 ist die größte Barockorgel im nordrheinischen Gebiet. Im Umland bieten sich vielfältige Wandermöglichkeiten.

Ehreshoven: Nicht weit von Engelskirchen im Tal der Agger liegt Schloß Ehreshoven, das bereits 1355 als Lehen der Abtei Siegburg genannt wird und eines der schönsten noch erhaltenen Wasserschlösser ist. Es ist, da es ein privates Damenstift beherbergt, leider der Öffentlichkeit nicht zugänglich; es lohnt sich aber allemal, das Gebäude zu umwandern.

Engelskirchen: Die Industriegeschichte der Region wird im Rheinischen Industriemuseum Engelskirchen präsentiert. Es zeigt Exponate zu Firmen- und Familiengeschichten, stellt die Arbeitsbedingungen und den Alltag in früheren Jahrhunderten dar und vollzieht den Weg von der Nutzung der Wasserkraft bis zur Elektrifizierung nach, die die Existenz zahlreicher Kotten beendete. Das Museum ist in Teilen einer stillgelegten Baumwollspinnerei untergebracht (Engelsplatz 2, Telefon 01805/74 34 65, geöffnet dienstags bis freitags 10 bis 17 Uhr, samstags und sonntags 11 bis 18 Uhr).

Flöns: Diese rheinische Spezialität ist nichts anderes als Blutwurst. Sie wird mit Vorliebe zu Altbier gegessen, außerdem gehören unbedingt Senf (Mostert), ein Röggelchen (kräftiges Brötchen aus dunklem Teig) und Zwiebeln dazu.
Gimborn: Schloß Gimborn aus dem 17. Jahrhundert gehört heute zur Gemeinde Marienheide im Oberbergischen Kreis. Eine Quelle unterhalb des spätgotischen Hauptturmes speist noch heute den Wassergraben ums Schloß. Es ist der Öffentlichkeit nur einmal im Jahr zugänglich: beim Gimborner Schützenfest.
Haan: Die kleine Stadt im Kreis Mettmann lädt ein zum Besuch des Bergischen Ofenmuseums (Dieker Straße 25, Telefon 02129/93 39 00, geöffnet nach Voranmeldung und Vereinbarung).
Hückeswagen: Kleinstadt im Oberbergischen Kreis, unmittelbar neben Remscheid-Lennep. Vor allem die Straße zum Rathaus (Marktstraße) und der Rathausplatz sind wegen der vielen typischen Fachwerkhäuser einen Besuch wert. Am Rande der Stadt liegen noch viele Villen aus der Gründerzeit der bergischen Industrien – prachtvolle, weitgehend mit Schiefer verkleidete Häuser mit aufwendigen, häufig geschnitzten Türen. Im Hückeswagener Rathaus ist das Heimatmuseum untergebracht. Gezeigt werden bergische Möbel, Porzellan, Glas, Keramik und sakrale Kunst (nähere Informationen bei der Stadtverwaltung Hückeswagen, Telefon 02192/880, geöffnet mittwochs 15 bis 17 Uhr, sonntags 10 bis 12 Uhr).
Kaiserswerth: Der heutige Ortsteil von Düsseldorf ist älter als die Stadt selbst. Im 7. Jahrhundert wurde hier ein Benediktinerkloster gegründet, das die Salier im 10. Jahrhundert durch den Bau einer Pfalz schützen wollten. Kaiser Friedrich I. Barbarossa ließ sie im 12. Jahrhundert erneuern und erhob Kaiserswerth zur Reichszollstätte. 1181 wurde der Ort freie Reichsstadt. Die Pfalz ist in ihren Grundzügen noch heute zu sehen; sie erstreckt sich direkt am Rhein. In der Basilika St. Suitbertus liegen die Gebeine dieses Heiligen († 713) in einem Goldschrein. Kaiserswerth ist heute einer der am meisten besuchten Ortsteile von Düsseldorf. An schönen Sommertagen und -abenden flanieren Tausende durch den Ort. Sie genießen das Bummeln am Rheinufer, den historischen Marktplatz oder besuchen einen der vielen Biergärten. Am Kaiserswerther Markt liegt das Restaurant „Schiffchen", einer der wenigen mit mehreren Michelin-Sternen ausgezeichneten Gourmet-Tempel Deutschlands.
Klingenpfad: Der Pfad, einer der schönsten und interessantesten Wanderwege des Bergischen Landes, der die Geschichte der Region, insbesondere der Schmiedekunst, lebendig werden läßt, führt rund um die Stadt Solingen. Insgesamt 75 Kilometer lang, kann er natürlich auch streckenweise „abgelaufen" werden. Eine Karte nur für diesen Weg gibt es beim Presse- und Informationsamt der Stadt, 42601 Solingen, Cronenberger Straße 59–61, Telefon 0212/290 26 13.
Kotten: Die „Kotten" genannten Schmiedewerkstätten des Bergischen Landes arbeiteten mit Wasserkraft. Noch weitgehend erhalten sind der Balkhauser Kotten und der Wipperkotten, beide auf Solinger Stadtgebiet direkt an der Wupper gelegen. Sie zeigen die alte Technik, mittels Rädern die Kraft des Wassers auf Hämmer oder Schleifwerke zu übertragen. Balkhauser Kotten (Telefon 02212/452 36, geöffnet montags bis freitags 9 bis 17 Uhr, samstags und sonntags 10 bis 17 Uhr), Wipperkotten (Telefon 0212/80 03 05, geöffnet samstags, sonntags und an Feiertagen 10 bis 18 Uhr; an anderen Tagen nach Vereinbarung).
Leichlingen: Die Stadt liegt an der Grenze zwischen Rheinland und Bergischem Land. Sie ist berühmt für ihre Obstanbaugebiete. Vor allem Äpfel und Erdbeeren aus Leichlingen werden geschätzt. Jedes Jahr am ersten Wochenende im Oktober findet der Leichlinger Obstmarkt statt.
Leverkusen: Die Chemiestadt ist noch recht jung; sie entstand im vorigen Jahrhundert aus den Orten Wiesdorf, Manfort und Küppersteg. Heute gehören außerdem Bergisch Neukirchen, Hitdorf und Opladen dazu. Ihren Namen hat die Stadt von Carl Leverkus, der aus Wermelskirchen im Bergischen Land stammte und seine Ultramarinfabrik von dort nach Wiesdorf verlegte, um die besseren Verkehrsverbindungen zu nutzen. Später wurde das Werk von einem Wuppertaler Unternehmen namens Bayer gekauft. Einen Besuch wert ist Schloß Morsbroich, das im 700 Jahre alten Gemäuer moderne Malerei (Beuys, Vasarely, Chagall) und zeitgenössische Grafik zeigt (Gustav-Heinemann-Straße 80, Telefon 0214/560 07, geöffnet dienstags 11 bis 21 Uhr, mittwochs bis sonntags 11 bis 17 Uhr).
Mostert: So heißt im Rheinischen und Bergischen der Senf. Hergestellt wird er in Düsseldorf – und nur der dort produzierte darf sich „Löwensenf" nennen. Das Rezept wird als Geheimnis gehütet. Der Senf ist so scharf, daß er einem Tränen in die Augen treibt. Ihm werden heilende Kräfte nachgesagt. Zu Flöns und Röggelchen beim Altbier ist Mostert ein absolutes Muß.
Müngstener Brücke: Mit 107 Metern Höhe ist sie die höchste Eisenbahnbrücke Europas. Sie liegt auf Remscheider Stadtgebiet und überspannt die Wupper. Erbaut wurde sie 1894 bis 1897. In der Nähe liegt Schloß Burg.
Neandertaler: Der vermutlich erste bergische Mensch überhaupt lebte vor ca. 60 000 Jahren in der Region um die heutige Stadt Erkrath. Als dort, im Neandertal, im Jahr 1856 Skelettreste gefunden wurden, war dies nicht nur für die Fachwelt eine Sensation. Das Museum Neandertal präsentiert eine Sammlung von Steinwerkzeugen der Urzeit, zeigt die damalige Jagdkultur und vergleicht den Menschen von heute mit dem damaligen. Star der Ausstellung: eine Nachbildung des Neandertalers – hockend, bärtig, mit breitem Gesicht und fliehender Stirn (Talstraße 300, 40822 Mettmann, Telefon 02104/97 97 97, geöffnet täglich von 10 bis 18 Uhr).
Nümbrecht: Der staatlich anerkannte Luftkurort liegt idyllisch in einer sehr reizvollen Landschaft, die zum Wandern einlädt. In Nümbrecht steht Schloß Homburg, in dem das Museum des Oberbergischen Kreises untergebracht ist. Es zeigt Funde aus der Frühgeschichte, Exponate zur Schloßgeschichte, historische Waffen und Rüstungen, alte Getreide- und Sägemühlen. Schloß Homburg selbst wurde im 17. und 18. Jahrhundert zu einer herrschaftlichen Anlage im Barockstil ausgebaut. Mit kleinen Türmchen ausgestattet und mitten in einem schönen Park gelegen, erscheint es wie ein Märchenschloß (Telefon 02293/910 10, zu besichtigen von März bis November dienstags bis samstags 10 bis 17 Uhr, sonn- und feiertags 10 bis 18 Uhr).
Remscheid: Neben Wuppertal und Solingen ist Remscheid eine der wichtigsten Städte des Bergischen Landes. Vor allem der Ortsteil Lennep ist sehenswert: Der idyllische Kern besteht aus einem gut erhaltenen Ensemble altbergischer Fachwerkhäuser und Patriziervillen. In Lennep liegt auch das Röntgenmuseum, benannt nach Wilhelm Conrad Röntgen, dem Entdekker der nach ihm benannten Strahlen (Schwelmer Straße 41, am Rande des Altstadtkerns, Telefon 02191/16 33 84, geöffnet dienstags bis freitags 10 bis 18 Uhr, samstags und sonntags 11 bis 18 Uhr). Das Heimat- und Werkzeugmuseum in Remscheid-Hasten (Haus Hilger) präsentiert eine Ausstellung von Werkzeugen von der Frühzeit bis in die Gegenwart. Zudem wird die Erfindung nahtloser Röhren durch die Brüder Mannesmann dargestellt. In der Außenstelle Steffenshammer ist ein bergischer Wasserhammer aus dem 18. Jahrhundert zu besichtigen (Cleffstraße 2–6, Telefon 02191/46 43 50, geöffnet dienstags bis samstags 9 bis 13 und 14 bis 17 Uhr, sonntags 10 bis 13 Uhr; Steffenshammer: geöffnet auf Anfrage).
Solingen: Die Stadt, heute noch das Zentrum der Besteck-Industrie, ist bekannt für ihre Klingen. Fast ein Muß für den Besucher ist das Klingenmuseum mit seiner einmaligen Sammlung von Klingen und Waffen aus verschiedenen Jahrhunderten. Zudem zeigt es die Entwicklung des Eßbesteckes, prachtvolle Zierdegen und Blankwaffen des Militärs. Früher hatten die Klingen aus Solingen immerhin einen ähnlichen Ruf wie die aus Damaskus oder Toledo (Klosterhof 4, Telefon 0212/25 83 60, geöffnet täglich 10 bis 17 Uhr, freitags ab 14 Uhr). Das Museum liegt im Ortsteil Gräfrath – und der hat außerdem einen wunderschönen alten Ortskern mit Marktplatz zu bieten. Für „Dick-und-Doof"-Fans: Das Laurel-und-Hardy-Museum zeigt Memorabilia, Filme, Presseausschnitte (Locher Straße 17, Telefon 0212/81 61 09, Besichtigung nach Vereinbarung). Und außerdem: Schloß Burg liegt auf Solinger Stadtgebiet, der Klingenpfad führt um den Ort herum, einmal im Jahr lädt die Stadt zum Zöppkes-Markt – Zöppkes sind kleine Messer –, einem riesigen Trödelmarkt in der Innenstadt (Termin unter der Telefonnummer 0212/290 26 13 oder 290 22 10 bei der Pressestelle der Stadt zu erfragen).
Talsperren: Es gibt viele dieser künstlichen Seen im Bergischen, denn die Menschen lernten früh, das flüssige Element in diesem regenreichen Gebiet für ihre Zwecke zu nutzen. Einige Beispiele: die Sengbachtalsperre bei Solingen, die Neyetalsperre bei Hückeswagen/Wipperfürth, die Bevertalsperre, ebenfalls in dieser Gegend. An allen Talsperren gibt es hervorragend ausgeschilderte Wanderwege.
Wipper: Name der Wupper im oberen Bereich des Flusses, auch alte Bezeichnung für den gesamten Flußlauf: daher die Wortverbindungen Wipperfürth, Wipperholten usw.
Wuppertal: Besonders sehenswert in Wuppertal ist die Schwebebahn, mit der man unbedingt fahren sollte. Friedrich Engels wurde in Wuppertal geboren, und noch heute pflegt die Stadt sein Vermächtnis im Friedrich-Engels-Haus mit einer für historisch Interessierte aufschlußreichen Sammlung von Schriften Engels' und seiner Zeitgenossen. Direkt nebenan liegt das Museum für Frühindustrialisierung – eine ideale Kombination, um sich ein Bild zu machen über den Frühkapitalismus, seine Arbeitsbedingungen und die revolutionären Ideen Engels' (Engelsstraße 10–18, Telefon 0202/563 64 98, geöffnet dienstags bis sonntags 10 bis 18 Uhr). Die Skulptur vor dem Museum stammt von dem österreichischen Bildhauer Alfred Hrdlicka. Sehenswert ist auch das Straßenbahnmuseum Bergische Museumsbahnen im Betriebshof Kohlfurter Brücke. Gezeigt werden alte Straßenbahnen der Jahre 1917 bis 1957, die früher im Bergischen fuhren und 1970 ausgemustert wurden. Es gibt auch einige ältere Exponate (Telefon 0202/47 02 51 zu den Öffnungszeiten). Einen Besuch wert ist der Ortsteil Beyenburg mit seinem spätgotischen Gotteshaus oberhalb der Wupper.

Lintorf
Heiligenhaus
Breitscheid
Velbert
Sprock-
hövel
Hagen
Iserlohn
Ratingen
Neviges
Herzkamp
Wuppertal
Gevelsberg
Kötting
Hohen-
limburg
Nachrodt-
Wiblingwerde
Dahlsen
Altena
Düsseldorf
Mettmann
Wülfrath
Ennepetal
Schwelm
Bölling
Rummenohl
Waldemei
Beckerfeld
Dahlerbrück
Schalksmühle
Dünne-
brett
Erkrath
Bransel
Loh
Wupper
Spiekern
Wellringrade
Lüdenscheid
Haan
Radevormwald
Remscheid
Walde
Halver
Silverin
Verse-
Talsperre
Hilden
Solingen
Wupper-
Talsperre
Berken
Hästen
Hückeswagen
Wegerhof
Langen-
feld
Wermels-
kirchen
Kerspe-
Talsperre
Delrath
Zons
Witzhelden
Hämmern
Klaswipper
Kierspe
Dormagen
Leichlingen
Hilgen
Wipperfürth
Rönsahl
Bur-
scheid
Meinerzhagen
Monheim
Dhünn-
stausee
Hessel-
becke
Rhein
Laudenberg
Thier
Marienheide
Lieber-
hausen
Leverkusen
Altenberg
Kürten
Gimborn
Bruch
Sinnersdorf
Odenthal
Bechen
Frielings-
dorf
Frömmers-
bach
Agger-
Talsperre
Sülze
Pullheim
Schildgen
Lindlar
Gummers-
bach
Wiedenest
Pernze
Engels-
kirchen
Ründeroth
Berg-
neustadt
Bergisch
Gladbach
Hohkeppel
Marien-
hagen
Köln
Bensberg
Obersteeg
Reichshof
Scheidt
Wiehl
Frechen
Steinenbrück
Forsbach
Overath
Marienberg-
hausen
Denklingen
Rößrath
Much
Wersch
Nümbrecht
Hürth
Rhein
Waldbröl
Agger
Neunkirchen-
Seelscheid
Retscheroth
Morsbach
Betzdorf
Lohmar
Wahnbach-
stausee
Benroth
Erblingen
Wesseling
Troisdorf
Schönen-
berg
Ruppichteroth
Spurkenbach
Brühl
Nieder-
kassel
Siegburg
Remschoß
Schladern
Buschfeld
Sechtem
Windeck
Rosbach
Sieg
Hennef
Halft
Wissen
524
3
52
234
1
43
46
236
224
7
54
46
228
E37
3
45
237
54
1
E35
E41
57
59
51
55
E40
4
55
256
56
3
555
478
59
553
1